《大国工匠》节目组 著

图书在版编目（CIP）数据

大国工匠 /《大国工匠》节目组著 . -- 北京：新世界出版社，2019.9（2024.5 重印）
ISBN 978-7-5104-6806-3

Ⅰ . ①大… Ⅱ . ①大… Ⅲ . ①纪实文学－作品集－中国－当代 Ⅳ . ① I25

中国版本图书馆 CIP 数据核字 (2019) 第 123685 号

大国工匠

作　　者：《大国工匠》节目组
责任编辑：孔德芳
装帧设计：贺玉婷
责任印制：王宝根
出　　版：新世界出版社
社　　址：北京西城区百万庄大街 24 号（100037）
发 行 部：(010)6899 5968　　(010)6899 8705（传真）
总 编 室：(010)6899 5424　　(010)6832 6679（传真）
网　　址：http://www.nwp.cn
　　　　　http://www.nwp.com.cn
版 权 部：+8610 6899 6306
版权电邮：nwpcd@sina.com
印　　刷：北京宝隆世纪印刷有限公司
经　　销：新华书店
开　　本：787mm×1092mm　1/16
字　　数：200 千字　印张：12.75
版　　次：2019 年 9 月第 1 版　2024 年 5 月第 10 次印刷
书　　号：ISBN 978-7-5104-6806-3
定　　价：48.00 元

版权所有，侵权必究
凡购本社图书，如有缺页、倒页、脱页等印装错误，可随时退换。
客服电话：(010)6899 8638

致敬所有在平凡岗位上默默奉献的劳动者！

劳动模范是民族的精英、人民的楷模。大国工匠是职工队伍中的高技能人才。工会要协同各个方面为劳动模范、大国工匠发挥作用搭建平台、提供舞台，培养造就更多劳动模范、大国工匠。

　　——习近平同志在同中华全国总工会新一届领导班子成员集体谈话时的讲话，2018年10月29日

　　这一年，中国制造、中国创造、中国建造共同发力，继续改变着中国的面貌。嫦娥四号探测器成功发射，第二艘航母出海试航，国产大型水陆两栖飞机水上首飞，北斗导航向全球组网迈出坚实一步。在此，我要向每一位科学家、每一位工程师、每一位"大国工匠"、每一位建设者和参与者致敬！

　　——习近平同志2019新年贺词，2018年12月31日

《大国工匠》节目简介

　　《大国工匠》是中央电视台新闻中心重磅推出的品牌节目，自2015年起在《新闻联播》和新闻频道连续播出，截至2019年5月，已播出七季。

　　《大国工匠》讲述的是中国多个行业一线技术工人中的代表们的感人故事。他们爱岗敬业，专注执着，超越家庭和自身利益，以国家发展、民族振兴为重，不为金钱所动，甘愿清贫，用毕生精力做好一件事情；他们将生命化作绝技，打破传统观念，不把技能当资本，而把绝活儿当作国家、民族的财富，千方百计开辟传承发展之路，成为一颗颗大国工匠的种子；他们大都没有进入过高等学府，而是走职业教育的道路，凭自己的勤学苦练，成为生产技术领域的大师级人物。他们，正是习近平总书记所说的，"有智慧、有技术、能发明、会创新的劳动者，用他们的劳动为实现中国梦添砖加瓦"。

　　扬国威、壮国魂，凸显家国情怀的《大国工匠》播出后，在全社会引起强烈的情感共鸣和价值认同，并受到中央领导同志的高度肯定。2015年，报道团队荣获中华全国总工会颁发的"全国五一劳动奖状"；2016年，《大国工匠》荣获第26届中国新闻奖一等奖。

编委会名单

许 强

肖振生　肖 璞　姜秋镝

刘若欠　岳 群　崔 霞　王凯博　李 宁　李 欣

吴 杰　郑连凯　张芊芊　赵中良　郭 薇　卢 武

杨 景　张永峰

序言

匠心铸精品 [1]

中央电视台新闻中心副主任 许强

五一期间,中央电视台重磅推出《大国工匠》。8期节目在《朝闻天下》栏目首播后,全天在新闻频道各档滚动播出。《新闻联播》栏目在内容安排极其紧张的情况下,播出了全部8期节目的精编版,总计播出时长39分钟。可以说,拿出了最核心、最优质的资源,用我们的态度向大国工匠们致敬。

《大国工匠》节目的策划源于2015年4月14日,中央电视台台长聂辰席在新闻中心进行调研并与大家座谈时,提出了强化"四种意识",实现"四个转变",以提升中央电视台新闻宣传质量和水平的要求。本来,五一国际劳动节是一个相对比较"平"的节日,常规关注国内国际新闻、旅游出行资讯、报道好上级指定的劳模典型也可以完成任务,但是,领导的要求使我们不满足于此,副台长、新闻中心主任孙玉胜提出要把五一报道当作一个课题,当作学用结合"四个转变"的第一个转变,深入研究设计,使《大国工匠》节目达到独树一帜的效果。

一、崇尚工匠精神:选题准 立意高

五一国际劳动节的主题策划本身就是一个大课题,对课题思考的深度决定了节目的高度。中央电视台新闻频道具有重要的导向作用,大力弘扬社会主义核心价值观是职责所在。围绕"劳动"这一课题,我们破题的落点放在了有哪些是不应被忽视却恰恰被忽视了的劳动价

---

1 2015年5月27日,中央电视台召开《大国工匠》节目研讨会,中共中央宣传部、中华全国总工会、国家新闻出版广电总局、中央电视台的领导,以及8位大国工匠代表、节目主创人员和业界专家、媒体代表参加,旨在进一步总结节目的成功经验,弘扬推动当代中国经济社会发展的正能量。本书选录两篇《大国工匠》节目主创人员的讲话为序。

值上。当下中国，不少人不再相信"行行出状元"，他们追逐金钱而眼高手低，呈现出浮躁之气。很多领域缺少踏实勤勉、精益求精的技术型或技艺型人才。时代呼唤回归朴素的劳动精神，以去除社会的浮躁之气。

在我国的教育体系中，制约职业教育发展的主要因素是社会对技术型人才的认识有待提升。关注这个群体的杰出代表，可以让更多的人认识到：走职业教育的道路，同样可以成为顶级人才甚至国宝级人才。通过对课题的深入剖析，立意凸显出来，即引导舆论对"匠人精神"的认识、尊重和追求，弘扬崇尚技术、崇尚辛勤劳动、诚实劳动、创造性劳动的社会风尚。

定下"大国工匠"的主导策略后，如何谋划实施、获得认同感，是进一步需要完成的课题。首先要研究"大国工匠"这四个字：先说"大国"，我们要研究当今中国哪些行业堪当"大国"二字；其次是"工匠"，我们要研究有怎样水平的劳动者堪称"工匠"。通过对课题的研究，我们认为，做"大国工匠"要紧扣一"大"一"小"两个字，"大"是用大行业、大成就鼓舞人心，"小"是用小人物、小细节打动人心。在节目策划之初我们就一直坚信，中国几千年的文化传承中，并不缺乏工匠精神的传承与发扬，缺少的是发现：发现当代中国制造业的顶级技艺，展现中国制造的高端品质，挖掘当代工人的工匠精神，讲述他们的感人故事。凭借着对相关领域的长期关注与研究，前后期编辑、记者精准发力，快速锁定了我们的关注对象。我们从8个中国顶尖产业和品牌行业入手，顺藤摸瓜，寻找到正在一线的杰出技术工人，他们有匠心，有独门绝技，既传承了师傅的手艺，又有发展和创新，同时还有家国情怀。

二、完善运行机制：严把控　出精品

《大国工匠》是一个精品工程，保证精品工程的关键就是按照聂辰席台长提出的"五式工作法"，建立有效指挥调度精兵强将的组织架构和运作方式。

《大国工匠》实行总导演负责制，总导演在项目总指挥也就是中央电视台新闻中心项目主管主任的领导下，对项目全权负责。按非常规运作方式，总导演被赋予调配前期采访、后期编辑、新媒体以及包装推介团队人力资源的权利，全程监控调度项目进展，安排播出并跟踪研判舆情。

作为五一报道的旗舰项目，《大国工匠》打破部门、科组的常规生产方式，从中央电视台新闻中心各部门抽调优秀人才进入项目生产核心，经济新闻部抽调了8组资深记者，新闻频道编辑部投入了专业剪辑编辑，视觉艺术部《真诚沟通》团队介入选题策划并指导拍摄，美术编辑负责包装设计，新媒体新闻部指定专人负责在《大国工匠》的大框架下设计适应新媒体传播特点的特色产品。项目制的确立，使得项目人员专心打磨作品，有效增强了执行力。

为了保证每一期节目都是精品，节目生产立项之初就制定了时间表和任务图，将节目生产各环节进行分解，项目各岗位据此推进工作，总指挥在关键时间节点进行任务考核和质量督导，实现了从选题确定、采访跟踪、后期编辑到节目审查、宣传推介的全流程把控。

三、集约化编播：早投入 广覆盖

创意落地，不仅要打磨作品，也要研究市场、研究受众；不仅要做好传统电视媒介的大众传播，也要做好新媒体的精准化、分众化、社交化传播。要改说教式、灌输式为渗透式、感召式、菜单式，以达到最佳的传播效果。在节目编播和宣传推介方面，副总编辑、新闻中心常务主任黄传芳要求《大国工匠》项目在时间和空间上要科学布局，突出两个字：一是"早"，二是"广"。

第一是"早"。首先指的是有节奏的"早"。在投放时间的研究上，我们认为要抓住时机，要在社会公众和其他媒体还没有进入"劳动节模式"前就达到先声夺人的传播效果。《大国工匠》原计划在五一前一周开始投放，计划经过一周的铺垫预热和引入，在5月1号、2号、3号三天达到最高潮。由于4月25日尼泊尔发生8.1级强震并波及我国西藏地区，我们及时分析研判舆情，主动调整，将开播时间推迟至4月29日，在五一假期三天重点投放。实践证明，五一前的播出迅速提升了有关《大国工匠》的话题度。

其次是推介早：先期制作的《大国工匠》宣传片在节目开播前一周即开始投放，宣传词"大国工匠·匠心筑梦"巧妙点题，宣传片制作精良，营造出强烈的期待感。

第二是"广"。"广"指的是把控投放维度和投放力度。需要说明的是，"广"并不是泛泛的"广"，而是精准的"广"。首先在内容上，今年的五一主题报道中，《大国工匠》是提前投放并持续多天的旗舰报道，其他如情感类的《工人诗篇》《劳动回想》，针对年轻人的《新创业者》《我是创客》等，是更分众式的、菜单式的设计。其次是在投放上，根据受众分析和舆情研判，五一假期三天我们在《新闻联播》《朝闻天下》《新闻直播间》等栏目加大了《大国工匠》的播出频次，并根据不同栏目的特点制作播出不同的版本，提高传播的针对性和到达率。此外就是在多媒体平台的覆盖面广，《大国工匠》在电视媒介开播后，多媒体同时互动渗透，央视新闻的微博、微信、客户端同步精准投放了具有各自特点的相关内容。

《大国工匠》节目时间紧、任务重，从确定拍摄对象到完成拍摄，许多编辑、记者每天只睡几个小时。高强度、高效率的工作，保证了节目在五一期间如期高质量播出。作为新闻工作者，我们应该以此次报道为契机，总结成功经验，在严、细、深、实、快上下功夫，聚焦党和国家新闻宣传的主线，创新主题报道的报道方式，进一步将走基层、转作风、改文风机制化、常态化，做到春风化雨，润物无声。

《大国工匠》是这样锻造出来的

中央电视台新闻中心　岳群

　　这次获得中国新闻一等奖的《大国工匠》，是中央电视台新闻中心在2015年五一和十一期间在《新闻联播》和新闻频道相继推出的特别节目，报道聚焦17位行业顶级技工的典型故事，歌颂"以劳动托起中国梦"的劳动者，反映当代中国对传统"匠人精神"的传承与弘扬，提倡"辛勤劳动、诚实劳动、创造性劳动"，体现了"中国制造"的高品质形象。

　　说实话，《大国工匠》推出时，我们并没有想到会在社会上引起如此大的反响。我记得第一季播出时，我们专门委托了一家第三方大数据公司对《大国工匠》在网上的好评率进行调查，看看挑剔的网友们如何评价。结果出乎我们的意料，好评率是91％，在网站豆瓣上的评分甚至超过了《舌尖上的中国2》。我们当时就在思考：为什么《大国工匠》这样一个主题报道能在网络上得到如此高的评价呢？下面我想从节目的立意、操作两个层面谈谈我们的感受。

一、寻找节目和时代的契合点

　　《大国工匠》的最早灵感，来自和创业者的一次交流，这位创业者给我们讲述了一位老人坚持用手工打造晶体管收音机的故事，因为他觉得这样才能给人带来美妙的听觉感受。这位创业者说，在这个浮躁的社会里，老人追求极致的匠人精神感动了他。

　　这次交谈对我们有很大的触动，我们也在想，为什么一谈到匠人精神，大家总喜欢说瑞士的钟表匠，为什么中国是世界第一的制造业大国,可是国人却要冲到国外去疯狂抢购电饭煲、马桶盖？难道真如舆论所说,中国工人缺少匠人精神,还是说社会的浮躁,让我们忽视了这种精神的存在？

2015年4月中旬,中央电视台新闻中心提前启动了五一节目策划,我们寻找匠人精神的想法,得到了部门和中心领导的肯定,而中心对五一节目的超前策划,让我们有时间去思考节目的定位。从《大国匠人》到《大工匠》,再到《大国工匠》,虽然只是几个字的重新排列组合,但背后却是大家的思路在一次次激烈碰撞后形成的共识,那就是凸显对以"工匠"为代表的劳动者的尊敬和对工匠精神的倡导,反映对"匠心"这一劳动价值与精神的深层追求。

在有限的时间里,我们几乎将三分之二的时间用于明确节目定位和人物选择,而当把彰显中国制造业最高水平的大工程和技艺超群的最基层的工匠对接在一起时,主题报道和时代诉求之间也有了很好的契合点,这也为整个报道的成功奠定了基础。

二、制作感召式的电视作品

想要讲好《大国工匠》的故事并不容易,因为他们有着一个共同的特点——不善言谈。一位徒弟这样评价他的师傅:师傅干活"没得说",不干活时也"没得说"！可是如果师傅们都没得说,我们的电视报道就没法做了！

其实,这些大国工匠丰富的精神世界,很多都体现在了他们的工作中,尽管拍摄时间非常紧张,但是我们的记者还是沉下心来和采访对象接触,去寻找和挖掘他们身上最质朴、最触动人心的东西。

这些师傅刚开始都有些不适应,身边突然多了个如影随行的人,除了睡觉、上厕所,记者们几乎所有时间都和他们待在一起。师傅们工作时,记者就在旁边观察他们干活儿时的神态、动作、表情和语气……师傅们休息时,记者就和他们同一块空地休息,同一张桌子吃饭、聊天……渐渐地,师傅们向记者打开了心扉。一位师傅对记者说,他是第一次在陌生人面前落泪。

沉下心来的挖掘，让每个工匠都像金子一样闪闪发光，他们话语不多，却能直达人心。一位观众这样说道："哪怕记住一个人的话，你都会受用终身。"

要讲好大国工匠的故事还有一个不容易，就是拍摄。8位师傅干的都是精细活儿，头发丝十分之一的精度，怎么表现？不仅如此，师傅们的工作动作很单一，焊接、打磨、钻孔，一干就是几个小时，而且纹丝不动，画面怎么丰富？通常师傅干几个小时，我们的记者就拍几个小时，真正拍摄的镜头不多，但大部分时间在琢磨用光、拍摄角度。为了抓拍师傅工作时的手部细节，摄像师将GOPRO（一种主观镜头）绑在师傅的手腕上，进行抓拍，为了能反映出师傅技艺的精度水平，摄像师采用了100微距的摄像头拍摄。

给火箭焊接"心脏"的高凤林师傅从事的氩弧焊发出的弧光，对眼睛的伤害是电焊光的5倍。采访的时候，高凤林师傅多次提醒记者，不要直视弧光，对眼睛不好。可是为了展现师傅细微的焊接工艺，记者每次拍摄时都坚持不用防护罩，而是近距离拍摄氩弧焊的弧光。每拍完一组镜头，记者都不得不闭会儿眼睛，调整一下。正是记者用心去体会、去拍摄，才能将大国工匠的故事，有血有肉生动地呈现在观众面前，让观众在为师傅们精湛的技艺惊叹的同时，也被他们的故事感动！

三、用匠人精神激励前行

可以说，拍摄大国工匠，给我们参与的记者们开启了一次难忘的精神之旅。一位记者这样写道："做节目中，我不断地在寻找他的匠心是什么。正是在这个寻找的过程中，我体味到了匠心的可贵和伟大。这同时也激励我战胜自己，超越自己，在紧迫的时间里、在疲惫不堪的状态下做出最好的节目。"

为什么说是最紧迫的时间呢？因为我们将三分之二的时间都用在了给节目定位和大海捞针式寻找采访对象上，这样，给记者留下的采访时间最长的5天，最短的只有3天，而在这短短的时间里，还包括了记者往返旅程、与采访对象接触、采访拍摄制作的时间，可以说是在完成一项几乎无法完成的任务。一位做专题的同事说，你们能在这么短时间里做出这样品质的作品来，除了超强的执行力外，肯定有精神的力量在支撑。

的确，拍摄《大国工匠》的过程，就是记者们不断学习匠人精神的过程。《大国工匠》有个微信工作群，节目的前后期工作人员都在这里进行沟通，从早晨5点到深夜一两点，这个群就没安静过。大到采访拍摄要求，小到一个镜头、一句话的调整，大家在集思广益的同时，也会因一个细节而争执不休、面红耳赤。可以说，大家都是在以一颗匠人之心，为打造一个完美的作品而努力。

为了做出好的作品，我们坚持不懈。一位记者心脏不好，她口袋里装着速效救心丸，不舒服时，吃一粒继续坚持采访；还有一位记者把刚出手术室的妻子托付给岳母，就立刻赶往采访地；LNG船有10层楼高，我们身材瘦小的女记者每天要穿着几公斤重的钢板鞋爬上爬下，脚后跟磨掉了一层皮；负责片子精编的团队是一帮年轻的姑娘，连续通宵加班，不大的房间里满地都是脱落的头发，看见的人开玩笑说："收集一下地上的头发，你们可以做一顶假发了。"

《大国工匠》节目的采制，给了我们每个记者重新审视自己的机会：在未来的日子里，如何坚守自己对新闻事业的那份承诺，在新闻业务上更加严谨、更加扎实、更加精细。不久前，作为中国新闻奖获奖代表，我亲耳聆听并深入学习了习近平总书记的讲话，我们更加感到，作为一个媒体人，要严以律己，踏实做事，踏实做人，要用匠心去"研磨"每一个新闻作品，只有这样，我们才能收获优秀的新闻，才能收获观众和社会的好口碑！

中国虽然是一个劳动力大国，却还不是一个技术工人强国；虽然是一个工业大国，却还不是工业强国。时代呼唤我国制造业必须转型升级和创新发展，而这一切都离不开普通劳动者和一线生产工人。《大国工匠》就是力图让全社会对工匠的价值予以全面关注，为提高工匠社会地位做好舆论准备。在认知理念和评判标准上提升工匠的价值，有助于工匠形象的时代性树立，同时引发社会在工匠的评价体系和待遇体系合理建立方面进行实质性思考。

我们会继续将《大国工匠》做下去，通过我们的持续努力，唤醒社会对职业技能的尊重，希望师傅们的手艺能够得到传承与发扬，希望工匠精神能够照亮人心，照亮中国人的筑梦之路。

目录
CONTENTS

2 　高凤林：火箭"心脏"焊接人

14 　孟剑锋：錾刻人生

30 　顾秋亮："两丝"钳工

44 　周东红：捞纸大师

58 　胡双钱：航空"手艺人"

76 　马荣：刀尖舞者　雕刻人生

92 　张冬伟：LNG船上"缝"钢板

106 　周平红：破解难中之难的极巧者

126 　单嘉玖：一份良心　百年传世

142 　宁允展：高铁研磨师

154 　朱文立：用匠心致敬经典的汝瓷大师

172 　张冬梅：药丸三克　责任千斤

高凤林：
火箭"心脏"焊接人

> **人物简介**
>
> 高凤林，中国航天科技集团公司一院首都航天机械公司高凤林班组组长、全国劳动模范、航天特种熔融焊接工，为包括"长征五号"等我国多枚火箭焊接过"心脏"，占火箭总数近四成。他曾攻克火箭发动机"疑难杂症"200多项，在型号生产的新材料、新工艺、新结构、新方法等大型攻关项目，特别是在新型大推力发动机的研制生产、科技攻关中，高凤林多次想人所未想，做人所未做，以非凡的胆识、严谨的推理、娴熟的技艺攻克难关，并结合自己对焊接过程的特殊感悟，灵活而又具创造性地将所学知识运用于自动化生产、智能控制等柔式加工中，为国防和航天科技现代化，为型号的更新换代做出了杰出贡献。

高凤林：火箭"心脏"焊接人

中国航天科技集团公司一院首都航天机械公司焊接工高凤林

题记

　　运载火箭是人类进入太空、探索太空的基础，而火箭发动机是运载火箭的心脏。高凤林是航天科技集团一院首都航天机械公司一名特种熔融焊接工。从事焊接工作三十余年来，他不仅用精湛的技艺和对极致的完美追求展现了"工匠"的含义，更用自己的坚持诠释了一个航天人的责任和使命。

  2013年12月2日,"嫦娥三号"月球探测器在西昌卫星发射中心成功发射。托举"嫦娥三号"从地球飞向月球的,是我国的金牌火箭——"长征三号乙"。这枚火箭的心脏——发动机,就是由焊接大师高凤林和他的班组同事们一起焊接制造而成的。

  38万公里,是"嫦娥三号"从地球到月球的距离;0.16毫米,是火箭发动机上一个焊点的宽度;0.1秒,是完成焊接允许的时间误差。焊接这个手艺看似简单,但在航天领域,每一个焊接点的位置、角度、轻重,都需要经过大脑缜密的思考。每一次焊接,一个焊接工作者的眼力、脑力、体力和意志力都在经受全面的考验。

高凤林正在焊接火箭发动机

在中国航天，53岁的高凤林是发动机焊接的第一人。现在，他又在挑战一个新的极限，为我国正在研制的新一代"长征五号"大运载火箭焊接发动机。

"长征五号"火箭发动机采用液氢液氧作为燃料，这是中国人迄今为止制造的推力最大的氢氧化燃料的火箭发动机，是"长征五号"实现超强运载能力的关键。在发动机的喷管，氢氧燃烧产生超过3000度的高温，仅这个喷管上就有数百根几毫米的空心管线。管壁的厚度只有0.33毫米，焊缝细到接近头发丝，而长度相当于绕一个标准足球场两周。高凤林需要通过3万多次精密的焊接操作，才能把它们编织在一起。

每一次动作，都要保证一次做对、一次做到完美，因为发动机工作时，零下近200度的推进剂会流进这些细小的管路，给发动机降温。如果一条焊缝有丝毫的瑕疵，发动机燃烧的火焰会毫不留情地把喷管撕裂，进而引发整枚火箭爆炸的灾难。

高凤林说："我们得紧盯着，特别像我们这些微小的焊缝，我们得紧盯着，你一眨眼就出去了。如果需要十分钟不眨眼，那就十分钟不眨眼。"

记者问他："你能做到十分钟不眨眼？"

"那怎么着，我跟你瞪瞪。"

高凤林自信地笑了，他的自信来自于刚入行时的勤学苦练，航天制造要求零失误，这一切都需要从扎实的基本功开始。发动机是为火箭提供动力的，被称为火箭的"心脏"，对于焊接工作来说，一点小小的瑕疵可能就会导致一场灾难。因此，对于焊接工人来说，焊接不仅需要高超的技术，更需要细致严谨，而这一点，高凤林上班第一天就从老一代航天人身上感受到了。

陈继凤，高凤林的第一个师傅，也是新中国第一代特种焊接的探索者。他所从事的特种焊接是打造国之重器的核心技术，经常用来焊接那些坚硬又容易被环境所影响的特殊材料。掌握这样的先进焊接技术，不仅需要高超的技能，更需要对所从事事业的敬畏。收高凤林为徒的时候，陈继凤可是从最基本的姿势开始教导。比如，要求操作时手不可以靠工作台，要像学书法写大字的学生一样，把手臂抬起来悬空，保证手肘手腕灵活运动，保证焊枪能够触达哪怕最难以焊接的部位，而为了保证焊接质量，悬空的手要丝毫不抖。另一个影响焊接稳定的风险，是人的呼吸。呼吸时引发的身体起伏，都可能影响焊缝的质量。

记者问这位已经年近九旬的老人："呼吸怎么练？"

"呼吸你憋着点儿呗！"

从姿势到呼吸，严苛的训练出乎高凤林的意料，而发生的另一件事，更是让高凤林铭记一辈子。

"（当年）烧一个试片，是要正面反面拿过来看一看，当时因为试片刚焊完比较烫，刚拿起来，稍微烫一下手，我随手就扔地上了。"

高凤林没有想到，这样一件小事，却遭到了师傅的严厉批评。

"师傅很严肃地说，你要尊重你的工作对象。"

尊重工作对象，这就要求对工作要有正确的态度，师傅的话让高凤林对自己的工作有了新的认识。他平时闲着的时候就练习，连排队买饭的时候，也在用筷子练习怎么送焊丝。

戴上焊接面罩，这是一个普通的操作动作，但是对高凤林来说，却是进入到一种状态的开始。从焊接面罩里，只能看到眼前的工件在微弱的电弧中闪烁。坚硬的焊丝，被熔化成柔软的流体，这一刻，高凤林心无旁骛，任何事都无法扰乱他的思路。这是他专注了几十年的小世界。

高凤林：火箭"心脏"焊接人

高凤林在向同事传授经验

每每有新型火箭型号诞生，对于高凤林来说，就是一次次的技术攻关。最难的一次，高凤林泡在车间，整整一个月几乎没合眼。

头几宿还有些师傅跟他熬到 12 点，又过了几天，只有一两位师傅跟他熬到凌晨 3 点，再过几天师傅们说，老高你就自己做自己的吧。

这个几百平米的车间里，只剩下高凤林和几个焊接的台架。深夜里，听到的只有焊枪点燃时发出的嗡嗡声，看到的，只有面罩下焊点闪出的微弱的光。似乎整个世界，只剩下高凤林和眼前金属熔化形成的小点。

连续地熬夜，记者问高凤林："你不累吗？"

"我累，怎么不累，但有一种毅力的驱使，必须要拿到这个结果。我们家没有脱头发的，但是我脱头发了。"

就在这样的奋斗里，高凤林突破一项又一项航天制造焊接技术的难关，成为业内顶尖的焊接专家。曾经有一次，一件航天焊接产品在进行 X 光拍照检查时，被怀疑内部有焊接缺陷。高凤林凭自己对焊接过程的掌控和多年焊接的经验认为，焊接质量可靠，没有问题。最终经过严格检验，证明高凤林的判断是正确的。这下，大家开始传这样一个段子，说高师傅的眼睛，要比 X 光还要灵验。

而高凤林一直告诉我们，这种看似神乎其神的说法背后，其实都是最基本的焊接知识技能和经验的积累。高师傅说，为了达到今天的技艺水平，他的时间，80% 给工作，15% 给学习。

剩下的，只有 5% 了。高凤林说："这些时间，我留给家庭。"虽然工作很忙，任务很重，加班很多，但只要有时间，他就会陪老人，接孩子。尽管这样的机会并不多。

高凤林有一个可爱的女儿，不过，作为父亲，他并没有太多的时间和孩子相处，平时接孩子上学放学，都是父女间难得的相处机会。高凤林回忆说，在女儿还在上幼儿园的时候，每次去接女儿回家，女儿都会蹦起来大叫，爸爸接我来了，然后扑向他。这几次都让幼儿园的阿姨吓了一跳，说这孩子今天怎么这个状态，扭头看见是高凤林来接孩子了，才恍然大悟。

幼儿园阿姨开玩笑说："哦，原来是稀客啊。"

高凤林高超的技艺，让很多企业试图用高新聘请他。甚至有人开出几倍工资加两套北京住房的诱人条件。高凤林说，是人，谁能不心动？妻子也劝他，给房给车，就去吧。

那个年代，航天军工企业都处于低谷期。制造任务并不是很饱满，即使已经是业内有名的焊接大师，高凤林的待遇也有限。和现在中国航天每年二十多次的发射频率相比，那个年代真可谓是高端制造业的寒冬。在市场的冲击下，许多有技能的工人选择离开，有的甚至放弃了自己的手艺。但最后，高凤林还是选择留下来，与冷清的车间和焊枪在一起。

"每每看到我们生产的发动机推动火箭把卫星送达太空，就有一种成功以后的自豪感，你说金钱能买到吗？给我挖走了，可能我就得不到这种被认可的满足了。"

正是这份满足感，让高凤林一直以来都坚守在这里。35年，130多枚"长征"系列运载火箭在他焊接的发动机的助推下，成功飞向太空，这个数字，占到我国发射"长征"系列火箭总数的一半以上。其中，还包括正在成为中国迈向航天强国重要标志的新一代"长征"系列运载火箭——"长征五号""长征六号"和"长征七号"。

时至今日，航天器的制造已经应用了大量先进的技术，但焊接依旧是其中最重要的核心技术之一。火箭的研制离不开众多的院士、教授、高工，但火箭从蓝图落到实物，靠的是一个个焊接点的累积，靠的是一

高凤林正在检查焊接的质量

位位普通工人的咫尺匠心。

  每天，高凤林都是最后一个下班，离开前，他都回头看一看。在车间里静静"站立"着的，是他和同事们一点一滴努力的成果。这些闪亮的火箭发动机，被他们叫作"金娃娃"，不仅因为他们对它的感情，更有着对它的期望。

  "你看它摆在那里多好看，金光闪闪，就像一个艺术品，很完美。还有一种描述，它是我们的'金娃娃'，是我们手中生产的东西。"

  高凤林说，不断地把握事物的发展过程，不断追求极致，应该是我们人类的努力方向，也是我们操作人员的努力方向。

工匠心就是和自己"较劲"

高凤林师傅是整个《大国工匠》里出现的第一个人物。

刚接到采访高凤林师傅的任务时,《大国工匠》还只是一纸策划。而我只有两天时间,去把样片做出来。那时我想,第一个吃螃蟹的人是勇敢的,那第一个被螃蟹吃了的人呢……

带着这样的忐忑,我和几个手拿相机的小伙伴出发了,那个时候还是有很多人觉得拿照相机去拍一个上中央电视台的片子是不是有点儿儿戏,而后来,这几乎成了《大国工匠》的标志。

高师傅并不是一个容易做出彩的人物,首先,他研究技术非常深入,人也很冷静,比较少流露情绪,关于工作,他拔得很高,上升到"人类"的高度,我一开始不太习惯。

其次是他的工作:第一天我们就拍了高师傅几乎全部的工作。也是从那时开始,我们明白了《大国工匠》要面对的是怎样一群拍摄对象。手里只有两件东西,焊接面罩和焊枪。总共两套动作。第一套:观察工件,左看右看上看下看;第二套:落焊枪提焊枪。在外人看来,这些我们称为"工匠"的人在技能领域光环的背后,是枯燥和重复的工作。那么,工匠的创造力如何展现呢?

我有点犯愁。

我和一同去的何成老师商量,要不试着拍下面罩后面的视角看到的焊接工作是什么样的。我发现拍片子跟爱迪生发明电灯一样,灯丝材料千万种,你要做的不仅是灵光一闪,还有不断的尝试。

于是,就有了片子开头的那段和火箭发射尾焰交相辉映的绿色的光晕。

火箭发射时,尾焰燃烧时间在 1700 秒左右。而为了这团 1700

秒稳定燃烧的火焰，高师傅要盯着这个绿色光晕3万次，这一切，要在大约一个月的时间里完成。

一个月，沉浸在这样的绿光里，一个月，精神一次次地高度集中，肌肉一次次地高度紧张。放下焊枪和面罩时，他眼神的焦点还在工件上，嘴里念念有词，似乎还在琢磨着些什么。我问高师傅，3万多次，有失手的时候吗？

这东西就不允许你有失手的时候！

但是，如果他面临的是一个月不断的失败会怎样？

我想起高师傅说起在进行一项技术攻关时，身边跟他一起坚持的人越来越少，他让大家都回去，表情和语气没有无奈和失望，没有对大家离开的埋怨，他眼里只有坚信：这件事必须做，这件事必须做成，这件事肯定会做成。他面对的是对体能的挑战，更是对人的意志力的磨砺。

我开始明白，高师傅为什么总是把"人类"挂在嘴边。

首先，如果有一天，人类走入太空，遇到了外星人，他们也许会扫描我们火箭的发动机，来判断我们达到的文明水平，这一天，高师傅所焊的焊缝，也许就是宇宙中定义"人类"的标尺。

其次，如果有一天，在工业领域有机器人要取代人类，那么它们用智能芯片学习的第一步，也许就是用冰冷的机械臂，去临摹去感受高师傅挥舞焊枪时所感受到的压力和艰辛。

最后，更坚忍，更专注，追求更接近极致的完美，这不正是人类创造灿烂文明最强的内在动力吗？

也许这，就是工匠之于我们这个世界的意义吧。

中央广播电视总台 中央电视台新闻中心记者 吴杰

孟剑锋：
錾刻人生

人物简介

孟剑锋，北京工美集团握拉菲首饰有限公司高级技师，从事工艺美术工作二十多年，被评为全国职工职业道德建设标兵、"国企楷模·北京榜样"人物，并获得"首都劳动奖章"。其事迹在中央电视台专题片《大国工匠》进行报道，是行业唯一代表。他先后参与制作"两弹一星"科学家功勋奖章、"神舟"系列航天英雄奖章、APEC会议礼品、"一带一路"峰会礼品等国家级项目任务，表现出色，是行业的标兵。弘扬传统文化，传承传统技艺，在平凡的工作中实现自身价值，是孟剑锋坚持不懈的奋斗目标。

北京工美集团握拉菲首饰有限公司高级技师孟剑锋

题记

  錾刻是我国拥有近 3000 年历史的古老手艺。工匠敲击錾子，就会在金、银、铜等金属上錾刻出千变万化的浮雕图案。在 2014 年北京 APEC 会议期间，送给各国元首夫人的国礼"和美"果盘展现的就是古老的中国錾刻技艺，它出自錾刻工艺师孟剑锋之手。

大国工匠

国礼"和美"

孟剑锋：錾刻人生

孟剑锋在自己的工作室里进行创作

錾刻,在我国是一项有近 3000 年历史的传统工艺。2014 年 11 月,APEC 会议在北京召开,古老的中国錾刻技艺跟前来参会的各国元首开了一个小小的玩笑。作为 APEC 会议的惯例,中国国家主席习近平及夫人彭丽媛要为来参会的各个经济体领导人及夫人,准备一份代表中国北京历史文化和工艺特色的纪念礼品。在这些国礼中,有一个名为"和美"的果盘,只见在金色的果盘里放了一块柔软的丝巾,看到的人都情不自禁地伸手去抓这个丝巾,可没有一个人能抓得起来。当发现这块丝巾与果盘为一体时,大家都连声惊叹,赞不绝口。这一精美绝伦的国礼就出自中国工美集团錾刻工艺师孟剑锋之手。

北京，一座现代化国际大都市，生活节奏很快，清晨随处都是行色匆匆的人们，孟剑锋也在其中。

穿过半个北京城，孟剑锋来到位于北京奥林匹克公园附近的公司，走进他已经工作了 20 多年的车间。每当此时，他就仿佛脱离了喧嚣的现代生活，心一下就安静下来。

这是一座 20 世纪 80 年代建造的二层老厂房，几乎感受不到任何现代化厂房的气息。布局简单，色调灰暗，空气中依稀弥漫着金属淬火后的味道。就是在这陈旧的厂房里，孟剑锋和其他技工从熔炼、掐丝，到整形、錾刻，一件件精美的作品就在他们手里诞生了。其中不但有 APEC 国礼、"两弹一星"科学家和航天英雄的奖章，也有传统的工艺摆件。

在一楼长长的走道两边是不同工艺的车间，说是车间，其实也不过是一个个三四十平方米的小屋。在其中一个车间，孟剑锋带着徒弟正在用古法进行熔炼，这是制作国礼的第一道工序。

孟剑锋穿着工作服，系着围裙，套上长达小臂的厚厚的手套。只听砰的一声，孟剑锋打着了炉火，对银锭加热熔化。红红的炉火映红了孟剑锋的脸庞。高温炙烤下，他很快就大汗淋漓，但是他顾不上擦汗，始终神情专注。

二楼有一个工作间，门额上挂着一个牌匾，上面写着"全国高级工艺美术技师孟剑锋工作室"。制作国礼最重要、最艰难的一道工序就是在这里完成的。

錾刻使用的是一种特殊的工具，叫作錾子。不同的錾子粗细宽窄不同，錾子底部有圆形、细纹、半月形等不同形状的花纹。工匠敲击錾子，就会在金、银、铜等金属上錾刻出千变万化的浮雕图案。

"叮叮，叮叮"，在工作室里，孟剑锋左手把錾子抵在银片上，右手用小榔头不断地敲击錾子顶部，随着一下一下的錾刻，银片上出现了一道一道的花纹。工欲善其事，必先利其器。錾刻要做得精美，制作錾子至关重要，用行话来说，叫作开錾子。作为我国的传统工艺，錾刻也留下了很多錾子的样式，但是，要想制作出新的工艺品，每开一个錾子都是一次创新。

作为APEC国礼的"和美"果盘，造型是一个像是草藤编织、有着粗糙质感的金色果盘，里面有一条折叠摆放的柔软的银色丝巾，丝巾上的暗花图案清晰自然，赏心悦目。尤其是在光线照射下晃动果盘，丝巾细节之处的缕缕丝线和草篮的藤条肌理效果就会展现得淋漓尽致，既凸显了丝巾的柔软与细腻，又展现了草藤的古朴与自然。

为了分别做出果盘草藤编织的粗糙感与丝巾的光感，孟剑锋反复琢磨、试验。尤其是为了要体现出丝巾上的暗花纹路，孟剑锋不记得试了多少次，总是不满意，总觉得不够完美。为此，孟剑锋冥思苦想，不管是在车间，还是回到家，都跟着了魔似的不停比画，甚至做梦都是怎么开这个錾子。

就这样，孟剑锋反反复复琢磨了一个多月，亲手制作了近30把錾子，其中最小的一把錾子在放大镜下做了5天。孟剑锋在不到一平方毫米的錾子面上，刻上20多道细纹，每道细纹大约有0.07毫米，就相当于一根头发丝那么细。每道线条之间要间距完全一样，深度完全一样，走向完全一样。加工制作的时候，稍微不小心就把已经刻好的细纹锉没了，又要重新来过。

在孟剑锋的工作桌上，几十把錾子就像笔插在笔筒里一样，插在一个罐子里，注意一下就会发现，所有的錾子都是头朝上，没有一个是向下放的。孟剑锋对这些錾子充满了感情，这都是他的宝贝，他生怕錾子头与罐子磕碰、磨损，有哪怕一丝一毫的损坏。

开好錾子仅仅完成了制作国礼的第一步，接下来是更难的挑战，这个挑战最大的困难就是数百万次敲击，每一次都只能成功，不能失误，否则将前功尽弃。

把银片敲击成厚度只有0.6毫米的薄片后，孟剑锋就要在这薄薄的银片上"作画"了。他根据不同的图案，用不同的錾子在银片上敲击，一点一点形成需要的图案。藤编果盘花纹相对粗犷，对孟剑锋来说完全不在话下，但里面的丝巾可是巨大的挑战。

丝巾上是传统的宝相花图案和卷草纹图案，寓意富贵吉祥、福运延绵，体现了"和美"之意，也象征着各经济体携手编织世界经济网的共同愿望。然而，正是这细腻优美的图案让孟剑锋大气都不敢喘。

孟剑锋一手拿小榔头，一手捏着錾子，瞪大双眼，屏住呼吸，在银片上一点一点地挪动、敲击。为了更完美地体现出丝巾上的图案效果，以及丝巾随意折叠摆放的柔软质感，细密的花纹需要经纬交错，有点有线，即便是不到1毫米的褶皱里也要随着线条的走向刻上花纹。

在下手敲击时，孟剑锋要求自己一道花纹一次成形，绝不能二次修补，否则他觉得会有重叠、接续的痕迹。其实，对于一个普通的人来说，根本不会发现这个痕迹，但是孟剑锋却不能容忍，用他的话说，对每一件产品都一定要追求极致的完美。为了这一完美，下手敲击时必须稳准狠，但是，手下的银片仅有薄薄的0.6毫米，稍不留心就会錾透了，所以下手时还要特别拿着劲儿。在这一放一收之间，孟剑锋要錾刻上百万次，他必须心无旁骛，专心致志，只要有一次失误，就只能从头开始。

孟剑锋收藏在盒子里面的特制錾子

追求极致,这是孟剑锋给自己制定的标准。不仅果盘和丝巾要极致完美,下面支撑果盘的4个中国结,也必须极致完美,为此,孟剑锋的右手磨起了厚厚一层茧子。

一般看到的中国结都是红绳等柔软的东西编织的,便于穿插编结,而支撑"和美"果盘的4个中国结是用银丝编织的。作为金属,银遇火会变软,但是刚弯了一点弯,就已经变硬了,所以用银丝手工编织中国

孟剑锋一手拿小榔头，一手捏着錾子，极为精细地敲击挪动

结，所有的技师想都没敢想。他们准备用机械铸造出来，再焊接到果盘上。但是，铸造出来的银丝上有砂眼，尽管极其微小，孟剑锋心里却怎么也过不去这道坎。20多年的工作经历让孟剑锋对中国的手工工艺品有了深厚的情感。在他眼中，每一件作品都有自己独特的生命力，在他心目中，没有瑕疵，并且是纯手工，这才配得上做国礼。自己一定要把这件国礼制作得更完美，把中国人五千年文化技艺的传承在"和美"果

盘上淋漓尽致地展现出来。

为了这份情怀，倔强的孟剑锋用银丝手工编织中国结，把银丝加热，弯曲，再加热，弯曲，再加热，穿插，再加热，整形，编好一个弯就得反复几十次。就这样一遍又一遍，他手上起了一层又一层大泡。每天回家把泡挑了，第二天干了以后，用指甲剪剪掉，再接着编。那些日子里，天天如此，回想起这些，孟剑锋的妻子忍不住流下心疼的泪水。

"和美"果盘不负众望，不仅让各经济体领导人和夫人对中国古老精湛的工艺赞叹不已，也让每个看到它的普通民众大开眼界。在王府井工艺美术大厦里陈列着一个"和美"果盘，看到它的人都啧啧赞叹，这背后是孟剑锋22年来对艺术的不懈追求和潜心付出。

在公司里，能成为孟师傅的徒弟是件很光荣的事，也是件很难的事。挑徒弟的时候，孟剑锋最看重的是他有没有对技术的执着，就是对这个行业是不是喜欢。孟剑锋认为，如果一个人不喜欢这个行业，就不会把自己的感情和所有的精力投入到这件事情上。这也是孟剑锋自己的写照。

带徒弟，孟剑锋要求他们先练习怎么用锉。一般说使锉，多简单啊，但是孟师傅的要求可不一样。他总是手把手地教徒弟怎么拿稳，怎么用力，一次教下来，孟剑锋自己也是满头大汗。

之所以这么较真，来自孟剑锋自己的亲身体会。当年，孟剑锋刚入厂时，师傅就是这样让他开始练习基本功的。那时候，他每天要练好几个小时，一段时间下来，孟剑锋就不想学了，心想就这么枯燥乏味的一个动作天天练，有什么意思呢，师傅也不教点别的技术活。

就在孟剑锋有些灰心的时候，同样有着执着劲儿的母亲让他坚持了下来。母亲告诉他，既然选择做一件事情就要坚持下来，不要半途而废，如果做什么事情都半途而废，遇到困难就往回退，那就什么事情都做不好。

孟剑锋不仅聆听到母亲严格的教诲，同时也感受到母亲深深的爱，每天工作不管多晚回家，母亲总会等着他回来，从来没有一次他没回家母亲就已经睡了的情况。

母亲给了孟剑锋信心和勇气，他按照师傅的要求，每天努力练习基本功，仅仅是锉刀这一个重复的动作，孟剑锋一练就是一年。

如今，孟剑锋已经是国家高级工艺美术技师，但是总是追求完美的他对自己还是有些不满意。他觉得要干好工艺美术这行还应该懂绘画，平时有时间，他就和爱人一起出去写生、练素描。他那双錾刻时灵巧的双手，拿起画笔显得十分笨拙。不过，与当年练锉一样，孟剑锋有股韧劲，他拜了厂里的设计师为师，学习绘画。相信有一天，他一定会拿出一幅像样的绘画作品。怀着对中国古老技艺的热爱和敬畏，孟剑锋不断地在超越自己，追求极致，錾刻人生。

以匠心"錾刻"节目

2015年4月下旬,我接到一个特殊的任务,要采制五一特别节目《大国工匠》。作为一名宏观经济报道记者,当时我才刚刚完成《一季度经济民间轨迹》的特别节目,还在制作《一带一路 共建繁荣》节目,已经处于近两个星期连续熬夜奋战、体力不支的状态,对于已不再年轻的我来说,最想的就是睡个囫囵觉,休息一下。

尽管如此,我还是立刻打电话联系了我的采访对象孟剑锋,让我这样做的是身为一名记者的职业操守,还有"大国工匠"对我的深深吸引。那个时候,"工匠"这个词完全没有后来的热度,但是"大国工匠"四个字似乎有一种说不清、道不明的吸引力。

就这样,我又投入了一场新的"战斗",用这两个字一点不为过,真的是一场战斗,一场只能胜利不能失败的战斗!当时距离播出审片仅仅只有6天的时间,6天,采制一条新闻都不宽裕,何况是这样一个在内容、拍摄、制作各方面都要创新的挑战!

首先是拍摄设备。新闻拍摄一台松下P2摄像机足矣,而拍摄《大国工匠》需要新的高清摄像机、灯光、录音,为了追求最佳屏幕效果,我们先后拿的设备有:索尼F5、佳能5D3、松下P2高清摄像机、3台设备的3个三脚架、6个摄像镜头、长线话筒、无线胸麦、挑杆话筒、调音台、3个LED灯、1个机头灯、1个监视器、摄影轨道、苹果和EDUS两个编辑电脑、硬盘等,车后备箱与后座椅放得满满的,车头都翘了起来。不要说是拍摄,仅仅是借到这些设备,搬运、布灯、换镜头、铺滑轨,我和摄像两个人就已经被折腾得要崩溃!

我们团队有3个人,一位录音师,其余的工作全部由我和摄像师邵晨老师完成，包括开车。第一天到达孟剑锋师傅办公楼下时，看到我们从车里搬出的设备，孟师傅都惊呆了，这是什么阵势？！

孟师傅在北京，听起来似乎不需要出差，拍摄会便捷一些，实际上，完全不是这么回事。我与邵老师住在通州，孟师傅的公司在海淀，对北京熟悉的人就会知道这是多么遥远的路程，还有十分闹心的堵车，因此我们每天往返4个多小时都在路上。清晨6点出发，晚上12点回家。在仅仅只有两天的拍摄中，还要把素材拷入编辑电脑，传送回台。晚上12点到家后，第一件事就是打开电脑，把画面传回台里，传完已是凌晨2点，而5点多就要起来开始第二天的拍摄。

折磨人的不仅仅是如此高强度的拍摄工作，更重要的是巨大的心理压力。孟剑锋师傅心怀的是对中国传统技艺的热爱，不断追求极致，追求完美。身为一名新闻人，在20多年的职业生涯中，我心怀的是对这份职业的热爱，也在不断地追求完美，追求创新。因此，节目采制时间紧张等多项不利因素不能成为糊弄的借口，我与邵老师的信念就是——必须要出精品！

孟剑锋师傅的公司是20世纪80年代的老厂房，孟师傅从事的又是一项差错在毫厘之间的细微工作。与其他大国工匠，尤其是航天方面的工匠相比，这里没有高大气派的现代化大厂房，没有炫目耀眼的大型机械设备，拍摄环境可以说非常不理想，光线暗淡，空间单调、狭小，所有镜头的拍摄都必须构思、打灯、布光，否则在摄像机的镜头里就灰暗无趣，没法看。第一天，邵晨绞尽脑汁、挥汗如雨地忙了近20个小时。第二天，在这种心理、体力的双重压力下，他就出现了头晕、恶心、呕吐的反应，但是稍事休息，他立刻又投入了拍摄，并且对每一个镜头精益求精，毫不马虎，最后呈现的屏幕效果令很多小伙伴惊叹不已。孟剑锋师傅精益求精的工匠形象、中国古老錾刻技艺的精美绝伦终于完美地呈现在了屏幕上。

拍摄两天后，由于节目制作时间的要求，我开始进行写稿编辑等后期工作，邵晨详细询问了情况后，顶着高温，自己一个人去王府井采访拍摄，又把素材送回台里。在通稿编辑组的小伙伴们的协助下，两天时间终于完成了后期制作。当凌晨4点多从台里出来的时候，天还是黑的。我开车把通稿组的小伙伴康康送回家，一路上，我们看着黎明的曙光一点一点地照亮了这个城市，等把车安全开回家，我自己都很佩服自己，居然还有这样的精力！

新闻中心许强副主任审片后，对节目高度评价。本来已经没有事，可以休息了，但是我却并没有睡踏实。因为为了赶审片，有的镜头编辑不够理想，没有达到自己心目中的完美。于是，我放弃了一天的休息，先赶到新台寻找画面，传送回老台，再对不够满意的画面一点点修改，不知不觉中又到了凌晨1点多，等回到家已经是凌晨3点了。早上8点《朝闻天下》节目播出的时候，看着屏幕，我觉得自己的咬牙坚持是值得的，一切的付出都是值得的。

让我和我的同伴们能够这样倾情投入、忘我工作的，除了我们的职业素养外，还有我们的拍摄对象，大国工匠——孟剑锋的激励。

在拍摄前，我从来不知道什么叫錾刻，从来没有了解过工艺美术这个行业，短短两天，孟剑锋师傅不仅让我知道了什么是錾刻，并且让我体味到了"錾刻精神"。

孟师傅很轴，脾气很倔，采访中，我不断追问孟师傅：差一点点有那么重要吗？一点点几乎不会被发现的瑕疵有必要那么介意吗？他经常回答的词就是"极致""完美""超越"。

　　让我最为感动的是，孟师傅做的工作不像其他大国工匠那样，在火箭、潜水器、大飞机、大船上工作，这些工作不仅有一个明确的标准，要求达到怎样的精度，是用数字可以衡量测算的，并且，对这些工作来说，如果不能做到这一点，那么涉及的就是人的生命，就是巨大的灾难和损失，因此，责任心是一个明明白白的事情；而孟剑锋从事的是工艺美术行业，做的是一件件艺术品，这没有非此即彼的标准，如果差一点也不会有什么生命安全问题，或者有什么重大灾难发生，因此，它拷问的是一个匠人的手艺，更是一个匠人的良心。孟剑锋做到了这一点！做节目中，我不断在寻找他的匠心是什么？正是在这个寻找的过程中，我体味到了匠心的可贵，匠心的伟大，同时，他也激励我战胜自己，超越自己，在紧迫的时间里，在疲惫不堪的状态下，依然做出最好的节目，依然追求节目的品质。因此，我们这期节目可以说，也是用"匠心""錾刻"出来的。

中央广播电视总台 中央电视台新闻中心记者　李欣

顾秋亮：
"两丝"钳工

人物简介

顾秋亮，中国船舶重工集团公司第七〇二研究所职工，2015年退休，高级技师。参加过我国首个自主设计、自行研制的大深度载人潜水器"蛟龙号"的研发，任"蛟龙号"总装组组长。退休后因其丰富的经验和职业水准，被返聘参与"深海勇士号"研制，负责安装"深海勇士号"关键部件。因他能够不依靠检测仪器，仅凭目测手摸，判断出的精密度能达到两"丝"，也被同行誉为"顾两丝"。

中国船舶重工集团公司第七〇二研究所高级技师顾秋亮

题记

深海载人潜水器有十几万个零部件，组装起来最大的难度就是密封性，精密度要求达到了"丝"级。而在中国载人潜水器的组装中，能实现这个精密度的只有钳工顾秋亮，也因为有着这样的绝活儿，顾秋亮被人称为"顾两丝"。

"各岗位注意，布放潜水器。"

在顾秋亮的脑海里，这个声音太熟悉了，这是"蛟龙号"海上试验现场总指挥刘峰在下达下潜指令。随着一次次这样的指令下达，"蛟龙号"也一次次在母船"向阳红09"的甲板上被吊起，被布放，探秘深海，验证性能。

在深海，1个指甲大小的面积上要承受的水压，就有1公斤重。1丝，只有0.01毫米，也就是大约一根头发丝的1/10那么细。载人潜水器身上所有密封面的装配精度，必须控制到几丝，这样才能确保潜水器在深海里既不漏水，又能缓冲巨大的水压。在中国载人潜水器的组装中，能实现这个精密度的只有顾秋亮。

在"蛟龙号"通过海上试验交付使用后，顾秋亮又接到一个新挑战——组装中国首个自主设计制造的4500米载人潜水器。

顾秋亮深知这一难度："蛟龙号的载人球是在俄罗斯定制的，潜水器是我们自己制造的，安装的难度就是在球体跟玻璃的接触面，要控制在0.2丝以下。"

0.2丝，只有一根头发丝的1/50。用精密仪器来控制这么小的间隔或许不算难，可难就难在载人舱观察窗的玻璃异常娇气，不能与任何金属仪器接触。因为一旦摩擦出一个小小的划痕，在深海几百个大气压的水压下，玻璃窗就可能漏水，甚至破碎，危及下潜人员的生命。因此，安装载人舱玻璃，也是组装载人潜水器里最精细的活。

顾秋亮他们摸索出了一套经验："照相机上的镜头虽然是玻璃，比这个还要硬一点。这个太软，人的手指甲都不能碰。我们是小心再小心，装玻璃都是用橡皮吸在上面，然后把它提起来，反面把它用手托住，擦干净。"

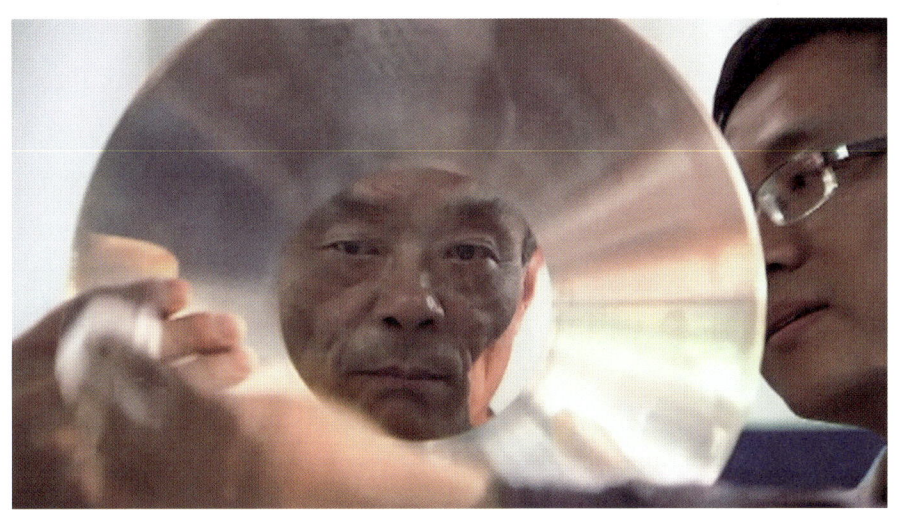
顾秋亮在检查载人舱观察窗的玻璃

除了依靠精密仪器,更重要的是依靠顾秋亮自己的判断,就是用眼睛看,用手摸。

用眼睛看,用手摸,就能做出精密仪器干的活,顾秋亮并不是在吹牛。他即便是在摇晃的大海上,纯手工打磨维修的潜水器密封面平面度也能控制在两丝以内,因此人称"顾两丝"。

别看现在的顾秋亮这么牛,当初学徒时,没少挨师傅的骂。

顾秋亮的第二个师傅张桂宝,就狠狠批评过初做学徒的顾秋亮:"那时候进来的时候还比较调皮,经常骂,有的时候会说什么呢,像茅坑里面的石头一样,又臭又硬。"

如今,已经带了不少徒弟的顾秋亮,仍然感怀师傅曾经的严厉:"有一个活没干好,他说你这个人干活不动脑子,人家不会放心让你干的,你这个活报废率太高了,我带不了你,你还是另请高明吧。心里感觉蛮

难过的,师傅不带我,是把我扫地出门了。"

也正是师傅们曾经严厉的调教,让做学徒的顾秋亮慢慢收住了心,用最笨的办法练习基本功。

10厘米的一块方铁,要锉到0.5厘米,就是5毫米。一遍遍地锉钢板,一遍遍地动脑筋琢磨,在锉了十五六块方铁,锉断几十把锉刀之后,渐渐地顾秋亮手里的活儿有了灵性,做的工件全部免检,"两丝"的名号也渐渐被叫响了。

顾秋亮也经常跟大伙儿开玩笑,用头发丝来检验他的技艺:"随便你高也好,低也好,也要把这个面锉平。就像人家跑步拿着一碗水,不能让水泼在外面。现在我估计大概是0.2丝,不相信拿头发来试试。"

顾秋亮告诉记者,他双手的指纹已经基本上被磨掉了

2004年,"蛟龙号"开始组装,顾秋亮和他师傅级的前辈们一起被抽调到这个项目上。而且凭着"两丝"的功力,顾秋亮被任命为装配组组长。他们最大的挑战就是确保潜水器的密封性。

"蛟龙号"总体主任设计师叶聪,也是"蛟龙号"的首位试航员,这样描述密封性的重要:这个如果发生问题的话,它是很恐怖的,几十个兆帕的压力,如果突然施加到载人舱内,那就像水刀切割一样,后果不堪设想。

"蛟龙号"是中国首个大深度载人潜水器,组装起来没有可以借鉴的经验,顾秋亮他们只能一点点摸索:"像打太极拳一样,摸出功夫来了。因为你不用脑子去摸,摸不出感觉的,就像人跟人之间有感情一样,你时间长了以后,有感觉就是有感觉了。你看我这手,两个手基本上没有纹路了,磨掉的,打卡我都刷不上卡的,现在我只能用无名指去刷。"

刚参加"蛟龙号"项目时,"顾两丝"名气大,他原来所在的实验室一直希望他回去,收入能多一倍,这对于他这个单职工、女儿上学急需用钱的家庭来说,能起不小作用。

顾秋亮的妻子吴静霞深知顾秋亮的心思:"考虑了,想是肯定想了,但是怎么办呢,这边领导就是需要他。"

收入的增加让顾秋亮也有小小的动心,但最让他动摇的还是"蛟龙号"的第一次海上试验。对于极度晕船的顾师傅来说,出海就是对身体极限的挑战:"一个星期之内我只吃了一包方便面,吃啥吐啥,一个人在3个月里面瘦了13公斤,我跟我女儿也说笑话,减肥最好到船上去不吃不喝,一个星期下来保证你瘦。"

但是,顾秋亮没有走:"潜航员把生命都交给我了,我当时一走的话，感觉到有点舍不得。'蛟龙号'就像我的儿子一样，我要考虑把它抚养长大。"

托付生命的信任，让顾秋亮留了下来。3000米，5000米，7000米，随着"蛟龙号"不断升级的技术攻关，顾秋亮更是没有什么时间能照顾到家里。尤其是7000米海上试验，船刚刚起航，他就接到妻子打来的电话，妻子在医院检查时被怀疑患有恶性肿瘤。

主心骨不在家，顾秋亮的妻子吴静霞回想起当时的艰难，仍忍不住落泪："感觉好像发生一个天大的事，我想没人帮我，怎么办呢？后来他们的工会、党支部还有领导都来安慰我，帮助我。"

这一回，顾秋亮还是狠了狠心，继续留在船上："最后查出来不是恶性的，我回来以后，两个人抱在一起哭。"

工作43年来，顾秋亮感觉最亏欠的就是家人。今年（2015年）10月份，顾秋亮就要退休了。最近，已经60岁的他正抽空学开车，打算退休后的时间全部用来陪家人。

"我今年60岁了，后面没有60年了，所以说在以后的10年20年里边，祖国这么大，出去转悠转悠。陪着夫人、家人一起去。"

目前在中国，深海载人潜水器有两个，组装工作都是由顾师傅牵头的。4500米载人潜水器或许是他组装的最后一台潜水器，载人舱的玻璃装好了，他还是那么精细，那么专注，反复确认它的安全性。

顾秋亮这样定位他的工作："做工作要人家信任你一次两次、一年两年是很容易的，要一辈子信任是很难的，自己满意了，人家才会满意。"

叶聪作为试航员，是顾秋亮最密切的工作伙伴，在他眼里，顾师傅的标准动作，就是最关键的安全阀："开始下潜之前，他要把压铁上面的安全销拔掉，这个时候我们会在舱内看到他给我们招手示意，顾师傅

下潜中的"蛟龙号"

这个招手动作简单,但是他在给我们一个很大的信心,说明这个潜水器是有保障的。"

让人信任一次两次、一年两年容易,要一辈子信任很难。顾秋亮43年来,用他做人的信念,埋头苦干、踏实钻研、挑战极限,追求一辈子的信任。

这种信念,让他赢得潜航员托付生命的信任,也见证了中国从海洋大国向海洋强国的迈进。

"蛟龙号"下潜返航

守护"蛟龙号"的大国工匠

深海科考能力是衡量一个国家综合国力的重要标志之一，经过十多年持续不断的努力，我国首个自主研制的大深度载人潜水器"蛟龙号"以7062米的下潜深度和作业能力，向世人证明了我国深海科考的能力。伴随着"蛟龙号"从无到有，从一张图纸到深海作业，一些怀揣家国情怀的人，用双手推动着国家的进步。

今年，已经是与顾秋亮相识的第十个年头了。

《大国工匠》节目伴随实施制造强国战略应运而生。或许这个品牌的创始人最初也没有想到，《大国工匠》一直能够做到现在，而且作为中央电视台的自有品牌，未来还将继续。这是一个呼唤工匠的时代！2018年的五一劳动节，《大国工匠》已经做到了第六季。有幸，我做了其中的前五季和纪录片。顾秋亮就是第一季我选择报道的大国工匠。

2015年4月，《大国工匠》主创团队成立，时任央视新闻中心经济新闻部副主任的姜秋镝将我们召集到一起，岳群老师是牵头的项目制片人。我们领到的任务是，挑选一位能称得上是大国工匠的人物，制作一集《大国工匠》。当时，"蛟龙号"载人潜水器已经完成海上试验，交付国家深海基地。作为从立项到研制，再到海上试验和后续的实验性应用，全程记录"蛟龙号"的记者，我与"蛟龙号"团队可以说是缘分甚深，十多年的相伴我已经熟知每一个岗位和工种。中国载人深潜项目是国家863重大专项，"蛟龙号"团队中必定能有不止一个人堪称大国工匠，从这个团队中寻找采访人物应该能够立得住。

　　我找到了"蛟龙号"的研制单位中船重工七〇二所,他们推荐了几个人,其中包括顾秋亮。

　　提到顾师傅,我立刻脑补了一幅画面——端着饭盆,眯着眼睛,晕乎乎地出现在食堂,慢慢咽下饭菜。之所以是这个印象,是因为顾师傅和我一样,是"蛟龙号"团队中出了名的晕船大户。船上的水手曾这样传授经验,晕船只晕一周就不晕了。但事实上,"蛟龙号"母船"向阳红09"明显认生,我们这样的晕船大户都是从出海开始,晕到返航上岸。同病相怜,我跟顾师傅自然就成了朋友。

　　即便如此相熟,采访也并不顺利。坐在七〇二研究所的会议室里聊天,顾师傅明显不像在船上时那么自在。在陆地上的顾师傅,都在忙些什么?显然面对面聊天很难详细了解真正的顾师傅。于是,我们转变方式,紧随顾师傅。从无锡到洛阳,在五六天的时间里,除了晚上睡觉和上洗手间,我们的采访团队几乎与顾师傅形影不离。

　　为了挖掘顾师傅身上的闪光点,我和他的同事也聊了很多。他的同事叶聪说到了他手上的功夫:"顾师傅不用仪器,基本上就能判断打磨后平面的光滑度,所以他打磨的精度特别高,能达到两丝,我们都叫他'顾两丝'。"

　　丝,是一个度量单位,相当于一根普通头发丝的十分之一。"顾两丝",是因为顾师傅手工打磨的平面精度能控制到两丝以内,而他最高超的技艺,是判断潜水器载人舱金属球体与窗户玻璃接触面的密封度,也就是金属球体与玻璃之间的缝隙宽度,这个宽度必须控制到0.2丝左右,这样才能保证潜水器下潜到深海之后,既不会漏水，也不会因为玻璃与金属不同的抗水压能力，造成玻璃有丝毫破损。

丝，会成为我们这个节目的一大亮点。这个念头闪过，我便用心观察顾师傅的一举一动，从他工作时的每一个环节，到他手上的每一个动作；从他眼神的关注度，到他放松休息时的神态。顾师傅工作时，会有两个常用的动作：一是摸，摸锉刀锉过的钢板，摸载人舱窗户金属面，摸玻璃安装面；二是看，每摸一物，他必看一眼。顾师傅的摸功和眼力堪称一绝。为了验证顾师傅的摸功和眼力，我们跟他开了个玩笑，既然是丝级的技艺，我们就用头发丝来挑战一把。摄像老师拍摄顾师傅干活的过程中，我们现场植入了一个顾师傅量头发丝的细节。我拔了一根比较细的头发交给顾师傅，顾师傅边摸边看头发丝，说这根头发不超过两丝，之后他用游标卡尺测量，果真如此。

这个细节是我们节目的一大亮点，在审片时，当天新闻中心值班主任许强特意让我们把这个细节放大。如今回想起来，顾师傅的手艺仍令我惊叹，也让人感到心疼。其实，为了练成"顾两丝"，顾师傅工作40多年来没少用手摸，用他自己的话来说，指纹都基本上磨平了。采访顾师傅的那段时间，他有一点空闲，就去学开车，但却苦于每次学车之前的打卡，因为在长年累月摸金属找感觉练就丝级工艺的过程中，手指纹路已经不再清晰，打卡成了一大难题。这就是大国工匠，看似普通的一个动作，他做了40多年。

顾师傅喜欢笑，2015年采访他的时候，他笑着对我说，他要

好好学习开车,今年就退休了,退休之后,他要带着夫人去周游全国,周游世界。因为,这些年忙着"蛟龙号"的研制和海上试验,他基本上没有好好照顾家庭。他喜欢笑,但也曾哭过。就在他跟随"蛟龙号"团队参加7000米海上试验时,船刚刚起航,他就接到夫人打来的电话,他的夫人检查被怀疑患有恶性肿瘤。他是家里主心骨,可以想象他当时做出选择有多么艰难。7000米海上试验,也是"蛟龙号"成败的关键,船上的每一张床铺上,都是一个必不可少的人。船刚刚离岸,他完全有机会提出回到陆地上,但他还是做了这样的决定,宁可担负家人的怨恨与不解,也要守护好"蛟龙号",用他的话说,"蛟龙号"就像他的孩子,看着它一点点成长。更何况,"蛟龙号"的载人舱,乘坐的是多少年来同甘共苦的团队兄弟,他有责任对他们的生命负责!幸运的是,他的夫人是虚惊一场,肿瘤是良性的。返航之后,顾秋亮与夫人抱头痛哭,为他曾对家人责任的缺位,为死神与夫人擦肩而过。

生死与共,用这四个字来形容"蛟龙号"团队一点也不为过。如今回想起那些海上作业的日子,仍然特别感动。多少次,大家聚集在"向阳红09"船的现场指挥部里,观察着深海中"蛟龙号"传输的每一个数据;多少次,在后甲板上,大家等待着返航的"蛟龙号";多少次,试验数据不理想,一个个岗位,一个个工种在彻夜排查;多少次,顾师傅拔下"蛟龙号"的安全销,举起来向下潜人员示意……

50米,1000米,3000米,5000米,7000米,"蛟龙号"下潜的深度不断增加,探秘深海的本领也逐渐增强。大国工匠顾秋亮是

"蛟龙号"团队中的一员,正是他们这样敢担当、能尽责的一线工人,用自己的行动推动着中国向制造强国迈进。

    中央广播电视总台 中央电视台新闻中心记者 王凯博

周东红：
捞纸大师

人物简介

周东红，1967年生，中国宣纸股份有限公司的职工、高级技师。

自1985年来到泾县宣纸厂，周东红扎根在宣纸生产一线岗位30多年，作为一名捞纸工，他至今保持产品成品100%的记录。30年里，他继承和发扬了传统技艺，为改进造纸技术献计献策，并培养了20多名技术骨干，为宣纸制作技艺传承做出重要贡献。他的作品有乾隆贡宣、新中国成立六十周年纪念宣、非物质文化遗产纪念宣、香港回归纪念宣等。

周东红还积极参加社会公益活动，先后参加各类捐款40多次，捐物30多次，总金额5万余元。周东红先后20多次荣获企业"先进生产者""优秀员工"称号，2015年荣获全国劳模称号，入选全国首批8名"大国工匠"。

周东红：捞纸大师

中国宣纸股份有限公司高级技师周东红

题记

  一张簾，漏掉如歌岁月；一双手，捞起千年传承。潜心钻研技艺，30年披星戴月，初心不改；在毫厘间起舞，追求极致，每张纸，都是一部传奇！一生只做一件事，他以致敬的姿势站成守望的风景！

自古以来，皖南山水就吸引着天下的文人墨客，诗人谢朓、李白、白居易、韩愈、王维、孟浩然、李商隐、苏东坡皆是常客。而梅尧臣、胡适本就是宣城生人。随着"文房四宝"之首的宣纸制造工艺成为世界非物质文化遗产，宣纸"造纸术"就更加为世人瞩目。著名国画家李可染曾说过："没有好的宣纸，就作不出传世的好国画。"而一张宣纸从投料到成纸，需要一百多道工序，决定宣纸成败的就是捞纸这道工序。

乘坐高铁，从北京直达古老的造纸圣地——宣城，只需5个多小时。在李白告别汪伦的故地——桃花潭的水边，便是周东红工作的宣纸制造厂。

凌晨2点，泾县宣纸厂的车间，周东红和他的搭档正在"捞纸"，两人抬着纸帘在水槽中左右晃动，一张湿润的宣纸便有了雏形，整个过程不过十几秒。但是宣纸的好与坏、厚与薄、纹理和丝络就全在这一"捞"上。

"一帘水靠身，二帘水破心。""一帘水靠身"，就是双手摆下来达到水面上，不要动，像绳子一样吊着，然后整个手抬起来45度角，把纸帘一头抬得齐肩那么高；"二帘水破心"，就是要从正中间下水，用纸帘舀水往前走大概15厘米左右深度。

只有像周东红这样的资深捞纸工才知道，这背后藏着的功夫有多深。宣纸润墨的特性对纸张的厚度极其敏感，这要求捞纸师傅每一刻都得保持稳健而细腻的手感：既要在纸浆浓度逐渐降低的过程中保证捞出的每张纸厚度几乎不变，还要适应上百种不同纸型对厚度的具体要求。

为了不影响别的工种，捞纸工人的工作时间常常是从凌晨1点开始，一直持续到傍晚，周东红和他的搭档每天要重复这样的捞纸动作1000多次。他对自己的要求是：上下一两，也就是说做成的每刀宣纸的重量

工作中的周东红从来都是一副一丝不苟的表情

不能超过上下一两的误差，相当于做成的每张宣纸的重量误差不能超过1克。

对此，周东红相当自信："你不要小看这一两，一两它代表着宣纸的品质。如果这个纸薄了，厚了，到书法家手里用，它的润墨效果达不到。我这双手好比杆秤。这三十年来，我捞的每'一刀'（即一百张）纸误差都不超过一两，这就是我的手艺。"

看着周东红捞纸如行云流水，仿佛水到渠成，其实在刚进厂的时候，他一度想要放弃。要知道，捞纸分"掌帘"和"抬帘"两个工种，掌帘为主，抬帘为辅，所有的控制都在掌帘手里，因此，掌帘的收入通常比

周东红每天要重复捞纸动作 1000 多次

抬帘高出20%多。当年的小周年轻气盛，一心想当"掌帘"，可十个字的口诀虽然简单，但真正掌握要领却很难，自己起早摸黑地干了一个月，竟然还没完成工作量。眼看着身边有好多老工人捞了十几年甚至几十年纸，都只能做抬帘，自己干这一行到底能不能有出路？他不免心里有点打退堂鼓。

但是周东红是一个很要面子的人。他一想，自己好不容易从一个农民变成了国有企业的技工，在亲戚朋友眼里也算是个有出息的人，如果辞掉工作怎么有脸回去见人。另一方面，平日里一向温和的母亲，这次也坚决反对自己辞职：进入国营厂不容易，里外里搭了不少人情；自己半途而废、不思进取，丢人。为了把周东红劝回去，母亲甚至声称"不给饭吃"。在母亲强硬的态度下，周东红只好硬着头皮回去了。得了，既然干，就踏踏实实地干吧！从此以后，他静下心来拜师学艺，勤学苦练。

泾县宣纸厂提供的新学徒系统性培训，给了周东红第二次学捞纸的机会。周东红每天一早就来厂里对着水槽练习捞纸，经常下了班脑子里还惦记着捞纸。师傅捞纸的时候，他总是反复观察每一个用力的细节，感受细微的变化。遇到问题他就问，但更多的时候，周东红是在自己琢磨。

有一次，天刚擦亮，已经工作了几个小时的周东红突然感觉自己手里刚捞的这张纸和天黑时候捞的纸重量不一样。他就跑去问师傅——当时厂里最好的捞纸工。师傅听了他的发现非常高兴，解释说因为天黑时和天亮时纸帘上的反光不一样，就会影响捞纸时候的判断。打这一天起，师父心里明白，这个曾经一个月只挣十几块钱的小徒弟，终于上道了。

勤学苦练，就意味着单调反复的捞纸动作成了周东红生活中最重要的部分。夏天天气暖和还好，冬天手伸到水槽那冰冷刺骨的水里面，又冷又痛，很快双手就长满了冻疮。但即便如此，周东红也坚持要下水去捞纸，因为只要几天不捞，好不容易摸索出的手感就又没了。按照他的说法，捞纸需要悟性，修行靠个人。终于，功夫不负有心人，周东红出师了。

在中国宣纸股份有限公司这个1000多人的造纸企业，只有周东红既能够捞出最薄的纸（四尺规格）——2.8斤"一刀"，也能捞出最厚的纸（四尺规格）——11.4斤"一刀"。

"我们厂总共生产100多种宣纸，你就要掌握100多种技术要领，熟悉100多种水浆动态，练就100多种分寸得当的手感，体味100多种细微差别……"不善言辞的周东红唯独在说起捞纸的时候才能滔滔不绝，那是一种底气十足的职业自豪感，"许多人点名要求我来帮他们做这种纸，我心里不也有荣誉感吗？"

年复一年，周东红经常半夜就起床去捞纸，在槽边一站就是十几个小时，他的妻子对此颇有微词。"我们是半夜夫妻。他经常凌晨一两点就去捞纸，一直干到下午五六点。有时候我半夜12点半醒过来，发现他已经走了。" 老周的妻子嗔怪，"他就是傻，就知道捞纸。有时候我问他你看电视里夫妻都说什么我爱你，我嫁给你这么多年，怎么都没有听你对我讲这三个字？他讲那个电视里面都是假的，怎么可能是真的？我还要讲吗？我心里知道就行了。"到头来，这三个字还是没有说出口。

尽管嫌弃自己的丈夫只知道干活不会甜言蜜语，但是青梅竹马一起长大的妻子却非常支持老周的工作。同在造纸厂工作的她深知，这么多年下来，周东红不仅把捞纸作为谋生的一份工作，更是深深地爱上了这一张张宣纸。作为火眼金睛的检纸工，她能从纸上的每一个微小瑕疵看出捞纸工的心情波动。

周东红与妻子的合影

妻子有时候跟老周开玩笑，说你今年50岁了，你想捞到什么时候？别人到60岁退休，你能捞到60岁就退休吗？老周却毫不在意，他说自己就喜欢捞纸，只要自己身体还能坚持，就要一直捞下去。

老周心里特别明白："如果我换一种工作，不一定能干到现在这个成绩。中国有句古话说行行出状元。我能坚持到现在，我心里不也有一种荣誉感吗？"说这话的时候，老周的脸上似乎放着光。

老周说，宣纸是老祖宗留下的东西，已经有1500多年历史了，一张宣纸从投料到成纸需要经历300多天，18个环节，100多道工序。他现在考虑更多的是，怎样才能把这门手艺给好好传下去。

近些年来，宣纸生产受到书画纸的强烈冲击，市场萎缩严重。由于传统宣纸生产是手工制造，且生产周期长达3年，生产成本一直居高不下。而很多书画纸凭借日益降低的成本，有的还打着"宣纸"的名号，逐渐占领了中低端书画市场。而且，像老周这样做宣纸的人都越来越老，愿意学这行的年轻人是越来越少了。

老周原来有十来个徒弟，但现在留下来干这行的只有一半。看似简单却需要长期磨练的技术、辛苦而枯燥的工作、长期处于潮湿环境下引发的职业病等，让很多年轻人放弃了这门传统的手艺。他的得意门生赵志钢是他的第一个徒弟，今年已47岁了。2012年他还曾收过一个大学生做徒弟，厂里格外器重，转正后起薪就比别人高1000元，但两年后还是走了。对此，老周既心痛又无奈。

市场的萎缩带来的是行业人才的流失，宣纸制造这项人类非物质文化遗产渐渐面临着"人走艺失"的风险。现在厂里职工的平均年龄已超过40岁，流动率也比以前高。找不到传承手艺的下一代，让周东红有些担心。好在，他得到的支持也越来越多。

周东红在划单槽

2015年,捞了一辈子纸的老周,获得了他人生中的第一个全国五一劳动奖章。同时,宣纸厂的制作流程也得到了改进,捞纸工凌晨就工作的现象没有了,取而代之的是8小时工作制,保证双休。年底,中国宣纸博物馆在泾县宣纸文化园附近建立,宣纸文化被纳入当地的旅游项目。

如今,周东红不仅生产宣纸,同时还是宣纸文化的最佳宣传员。在同事们的眼里，获得全国五一劳动奖章之后，周师傅的主要变化就是穿衣服没以前随便了。老周成了宣纸文化的代言人，有些游客得知他的荣誉身份后，一定要跟他合影。

2016年夏天，周东红还受到文化部的邀请，在中国顶尖高校清华大学参加了一个多月的"民间文化暨非物质文化遗产项目知识培训"，与来自各地的非遗传承人相互交流学习，顺便还给宣纸文化打了广告。

老周"火"了，但这一切都没有改变他的习惯。虽然在造宣纸这个行当，周东红已经是个响当当的人物了，但是无论酷暑严寒，他依然坚持每天都要长时间下水捞纸，他说只有这样才能让手的感觉一直在。

周东红说，他不知道什么叫工匠精神，但他知道要做好一件事，就必须要勤学苦练。也正是带着这个念头，30多年来，经周东红手捞的近千万张纸，没有一张不合格。

不忘初心，方得始终。周东红在传统技艺上的精益求精和极致追求，让他不仅体会着劳动的快乐，也增添了传承人类非物质文化遗产的自豪。

电视之外的周东红

"捞纸大师"周东红可以说是被我们"捞"出来的一位大国工匠，对他的采访可以用"山重水复疑无路，柳暗花明又一村"来形容——栏目组原先计划采访的是另两位建筑行业的人物，但是在联系后，发现他们的工作无法很好地用电视的手法表现出来；随后又联系过许多传统手工和现代制造行业的高手，但都没有成功。毕竟，"大国工匠"这四个字，分量相当重。

说来也巧，我家住在琉璃厂附近，这里是传统工艺品、古董书画、文房四宝的集散地。短短几百米的路两边，有无数卖宣纸的店。宣纸一般都很贵，店主解释说，宣纸都是手工制作，而且工艺非常复杂，最难的就是每张纸的厚薄均匀等等。我顿时像醍醐灌顶：这里不就需要有手工制作的匠人吗？！而且，宣纸、文房四宝、传统工艺，满满的中国味啊！于是我抄起电话就联系了安徽电视台的朋友，问他在宣纸的产地有没有这样的人物可以采访拍摄。

兵贵神速，19号确定做"宣纸"，22号晚上我们就赶到了宣纸最正宗的原产地——安徽泾县。在安徽电视台朋友的沟通下，当地政府和宣纸厂特别重视我们的拍摄，给我们介绍了一位省级的非物质文化遗产传承人、中国宣纸股份有限公司的副总经理罗鸣。罗鸣详细地向我们介绍了宣纸的历史、工艺、品质标准等，但是这位副总坦言，他虽然是传承人，也学过捞纸，但是因为长期从事管理工作，实际操作已经荒废很久了。最终，在他的推荐下，我们找到了拍摄的主人公——在车间里捞了30年纸、刚刚获得全国劳模称号的周东红。

采访老周是个痛苦的事。第一次采访是在捞纸车间里，除了介绍捞纸的工艺外，他只会说一句话："我天生就是一个捞纸的。"我们只能在车间里拍他工作的各种镜头，很快地我们发现，捞纸的动作看上去特别简单，"一帘水靠身，二帘水破心"，无非就是把纸帘放下去，晃一下就行了。可是，为什么有的人十几年了都只能做"抬帘"，而老周只用了两年就能掌帘了呢？这里面肯定有说法。可是老周坚持，因为自己天生是捞纸的，所以一切才水到渠成。再问，老周想了半天回答四个字"勤学苦练"。但再追问怎么勤、怎么苦？老周又只是一句"就这么练"。

　　老周那几天特别忙，因为他成了当年的全国劳模，要参加各种报告会和表彰会，第一次采访就因为当晚他要参加当地领导给他准备的庆功宴而匆匆结束了。第二天，我们又赶到了他家里，希望从侧面了解他的情况。

　　我们聊到了他的生活、他的家庭、他的女儿，他说他对目前的生活状态很满意，他的收入是当地最高的，荣誉也是当地最高的，这些都是他所从事的捞纸给予他的。和他聊了又有一个多小时，再和他聊到他是怎么掌握现在的这个手艺的时候，我非常希望他能说出一些励志感动的话，能够"语不惊人死不休"。但是他还只是非常自豪地说我就是天生的，我天生就是一位捞纸工。我觉得，周东红其实是一个挺轴的人，一个为自己的职业自豪的人，这就是一个顶级工匠必须具备的气质。这个晚上我们还采访了他的妻子，和他妻子其实就是聊家常，聊到了半夜夫妻，聊到了那段"我爱你，你爱我什么的，电视里都是假的"，聊到了周东红没有其他爱好，就喜欢捞纸……我觉得对他妻子的采访使得周东红这个人物特别真实，就像是邻居那种感觉，非常接地气。说实话，全片中我自己最喜欢的就是对他妻子采访的这几段。这天晚上我们收工时已经到了凌晨一点半。那天晚上采访结束后的第二天，老周就要上北京参加全国劳模的表彰大会。

第三次采访是老周参加完表彰大会后，我打电话给老周问他来北京有什么感受，这次又聊了一个小时左右。最惊喜的是，聊天的过程中，他回忆起了当年学技术时的两个细节：以前对分量没有感觉，有一次在抬帘的时候弄掉了一点纸浆，被当时的厂长看见了。厂长说："小周，这点纸浆可比猪油还贵啊。"当年穷得连猪油都吃不上的老周一下子就惊醒了，从那以后就格外在意分量了。还有一次，早晨天刚亮，老周突然感觉天亮了以后捞的纸和天黑时候捞的纸重量不一样，就跑去问师父。师父说确实不一样，因为天黑时和天亮时纸帘上的反光不一样，就会影响捞纸时候的判断。老周感慨说："为了找这种感觉，我就得天天捞，我要是不捞的话，过几天再捞，就找不到那种感觉。勤学就这么勤学；苦练，为什么叫苦练呢，苦练就是我天天就如此，天天就是找这种感觉。"我当时觉得就是它了！这就是工匠精神——30年来只喜欢这一件事，30年来坚持每天找这个感觉，30年来成品率100%！

如果说商业社会的喧嚣有如汹涌的大河，在轰鸣中飞流直下，那么宣纸工艺的传承更像是涓涓的小溪，于平凡间细水长流，就在这一快一慢之间，宣纸工匠的精神就显现出来了。老周并不知道什么叫工匠精神，他只知道自己要耐得住寂寞，用心体会每次捞纸时的细微差距，尽量做到零误差，这是老周不曾忘记的初心。工匠精神的"精"在于不断地勤学苦练、努力探索，工匠精神的"神"在于对所从事行业的敬畏感和荣誉感。有了这样的精神，你我每个人都可能成为大国工匠。

中央电视台新闻中心原记者 卢武

胡双钱：
航空"手艺人"

人物简介

胡双钱，1960年7月16日出生，上海人。1978年10月，胡双钱就读上海飞机制造厂技校，两年后毕业，直接进入上海飞机制造厂（简称上飞厂，现为上海飞机制造有限公司）数控机床加工车间，担任钳工至今，已有38年。

在上飞厂，胡双钱先后参与过运-10、麦道MD-82、波音B-737、波音B-787、国产ARJ-21、国产C919等飞机的生产工作，曾在钛合金加工等多个工序上有过技术革新和技术改造的突出成果，总结有"胡双钱标准工作法"，即《钳工操作标准工作八大法》（上飞厂简称"八大法"），已在各个生产车间及全商飞公司范围内推广使用。

胡双钱获得的市级以上荣誉包括：2002年上海市质量金奖、2015年全国劳动模范、2015年全国道德模范、2016年第二届中国质量奖提名奖等。

上海飞机制造厂钳工胡双钱

题记

独立自主研发大型客机,是一个国家综合实力的集中体现。在这个处于现代工业体系顶端的产业里,手工工人已越来越少,但却越来越不可取代。即使是生产高度自动化的波音和空客,也都在自己的全球工厂里,保留着独当一面的手工工匠,专门进行航空生产过程中要求最为严苛的手工校准和改造,每一个这样的工匠,都十分珍贵。

在我国的大飞机产业一线,也有这样一位手艺人。他叫胡双钱,身材中等,白皙而整洁,理成短寸的头发已经灰白,像邻家大叔一样和善而温暖。过去近40年的时间里,这名老钳工已经加工过上千万个飞机零件,但是在他手上,没有出现过一个次品。

上海浦东，东海之滨。一片现代化的厂房中，日夜灯光不息。

这里是中国民用航空产业的最前沿，中国商用飞机有限责任公司（简称中国商飞）的浦东基地，中国民用大飞机诞生的摇篮。

我国第一款完全掌握自主知识产权的大型喷气式干线客机C919，就在浦东基地部装车间里进行新机的部装工作。飞机的部装完成后，整架飞机的机翼、机舱等关键部段才会成型，随后就可以整段运送进入总装车间，完整地组装成飞机。

这道工序，有总计超过100万个非标准件需要完成安装固定，而这些非标准件，其中有80%是第一次在中国设计生产，使用的任何一个零件超规，都会导致未来在C919的整机上出现隐患。

这些零件，大部分都来自中国商飞在上海大厂区的生产车间——具有半个多世纪历史的上海飞机制造厂。

钳工胡双钱就是上海飞机制造厂的老员工。上飞厂始建于1950年，最初是承担国内飞机的修理工作，后来先后成为中国第一款大飞机的诞生地、中国首次国际航空制造合作的组装地以及国际联合生产车间，是中国民用航空产业名副其实的一线阵地。

胡双钱已经在这里和飞机零件打了一辈子交道。此时的他，正头戴护目镜和防尘口罩，置身于细密的钻磨声中，仔细打磨着一个精密的零件。原本略显粗糙的航空铝合金，经过他的打磨，呈现出闪亮的金属色泽。

老胡所在的这间厂房里，90%以上的空间，都被一台台现代化精密数控车床所占据。老胡和他带领的钳工组，则在厂房角落里的几张工作台上忙碌。所有的工作都要靠手工来完成的胡双钱，在这里像个有些过时的"老古董"，和他抽屉里保留至今的老式工具一样，都有种朴实的陈旧感。

"你看,这个锉刀就是专门用来加工钛合金的,价格就比较贵,其他这些就很普通了。"胡双钱指着抽屉里排列得规规矩矩的各型锉刀,给我们一一介绍。

1960年出生的胡双钱,已经到了快退休的年龄。他现在是上海飞机制造厂里年龄最大的钳工了。身为钳工组的组长,组里的每个年轻钳工胡双钱几乎都带过。

和大多数人概念中飞机生产全靠流水线作业的印象完全不同,在这片3000平方米的厂房里,最为先进的生产设备和一群靠手工干活的钳

胡双钱在加工零件

工,两种截然不同的工业生产手段,一直默契地彼此协作。

"比如说零件上有很小的直角,那还是要靠手工修效率高。或者一个急用的零件要钻孔,如果还要用数控车床,那还得编程。但是靠我们机械加工来做,有可能最短的时间就把这个零件做出来了。"对胡双钱和他的同事们来说,每天将零件复杂结构中的边边角角打磨校准到完美,已经是再普通不过的工作。说到自己工种的不可替代性,胡双钱很淡定。

在航空制造产业的所有作业中,交给他的工作,要求是最高的。

在航空制造领域,公差是被允许的,但是这种公差,已经严格到苛刻的地步。胡双钱加工的 C919 非标准件,精度要求是丝级。

1 丝,就是 0.01 毫米,相当于人发丝直径的十分之一。

"我手感觉就是,螺栓从这个洞放下去有点紧,但是也不是很紧很紧,这个感觉。"胡双钱尽力想用语言描述出自己用几十年操作经验累积出的"手感"。这种公差,即使精确的仪器也要反复测量才能确定。

为了辅助表达,他抬起手为我们演示。这双手因为长期接触漆色和铝屑,已经有一种洗不掉的青色。

就是这双手,在这样的标准下,过去近 40 年里,加工过上千万个零件,没有出过一个次品。

"我们的产品是关系到人家生命,所以说和别的行业肯定是不一样的。"说完这句话,胡双钱停顿了一下。他的表情很严肃。

社会上对于国产大飞机的质量水平和安全可靠性一直有着很激烈的讨论,但只有业内人士,才了解真实的情况。

在中国,一架飞机要上天,需要拿到中国民用航空局的许可。而发放这份许可的背后,必须经过全世界航空领域经验最为丰富、标准最为严格的美国联邦航空管理局(FAA)的同步影子审查。整个审查过程,会从飞机的设计、制造、装配、试飞、量产、飞行等全生命周期的每一个节点进行介入，甚至每一颗螺丝钉都有对应的疲劳强度、寿命以及材料要求，以此来保证整个飞机未来航线运营的安全性。而在最终审查报告上签字的审查员，更是会终身承担责任。

这，就是现代民用航空领域中堪称"终极考验"的适航审定，也是国产大飞机 C919 正在经历的一次考试。只有在这场考试中拿到满分，C919 未来才有资格上航线运营，进入市场。

对胡双钱来说，如果他做出的零件一次性就能够精准达到要求，那么就可以节省掉返工的时间，整个飞机就可能早一点做出来。他的工种只能做这么多，那就把这一点做好。

作为一个业内人士，胡双钱对自己的职业有很强的使命感，到今天，中国民用航空工业生产一线，也很少有人能够比他更有发言权。

1980 年，胡双钱从技校毕业，如愿以偿进入上海飞机制造厂。从小就非常喜欢飞机的他，正好赶上了中国民用航空的一座重要里程碑——运－10 首飞。在技校的时候，他还作为学徒，跟着师傅加工过运－10 上面的几个小零件，胡双钱说，当年刚刚参加工作的自己，在厂里看到运－10 飞天的瞬间，心情特别激动，那个画面，他一直都记得。

然而当时为运－10 欢呼的人们并没有想到，打击会来得这么突然。

就在胡双钱目睹运－10 首飞的两年后，这款大飞机研制进度暂停。到 1986 年，运－10 项目因为不能适应适航审定要求等多种原因，无法进入民航市场，运－10 研制宣布彻底终止。当时的上飞厂，在运－10 研制过程中慢慢成长起来的大批顶级航空技工，突然面临无活可干的尴尬局面。虽然厂里不断找寻其他订单，试图维持经营，但因为效益优先，工人的薪资一直在较低水平徘徊。与厂里形成鲜明对比的，是当时上海风起云涌的企业发展和商业兴起。在市场的强烈冲击下,资深工人们纷纷离开工厂,有的下海,有的进入其他工业企业。

"好多人都跳槽走掉了。我们当时工资最少的时候就是100块不到。外面工资300、400块。我们车间也有一个人,他是外面挖去的。他是搞数控编程的嘛,人家给他开了3000多块他走了。"回忆起当时厂里的情景,胡双钱很感慨。他说,上海飞机制造厂的门口当时就直接停满了上海本地各大工业企业招聘技术工人的专车,现场挖人。今天还在车间里和自己一起干活的同事,可能明天就跳槽了。胡双钱自己也收到了私企老板伸来的橄榄枝,对方给出的待遇,是当时厂里的整整3倍。

"我想以后,说不定厂里还会造飞机。我相信这个厂不会倒。"胡双钱很明确地拒绝了私企老板。并不是因为他不缺钱,而是因为他觉得中国造飞机这个事,是个大事。这个大事,还是需要这个厂,需要自己的。

"这个飞机项目我想国家肯定会支持,不能倒闭,我们是中国唯一一个总装过民航飞机的,所以我相信不会倒闭。"胡双钱说。他说那时,这只能算一种感觉,他也不知道自己会等多久。

中国最后一架完整的运-10飞机,在宣告项目终止后,就被运回上海,停在它的出生地——上海飞机制造厂的一片草坪上,可供公众参观。这架124座的干线飞机每排有6个座位,非常宽敞,至今,飞机里面的仪表、座椅、内装仍然一应俱全。胡双钱有空的时候,经常会走上去,看一看,坐一坐。

在这之后整整20年的时间里,胡双钱在上飞厂参与过代工生产,制造过波音公司和麦道公司的飞机零件,参与过中国第一款喷气式支线客机——ARJ21的生产制造……虽然做的都是飞机,但,都不是他梦想中的中国大飞机。

停在上飞厂草坪上的运—10前面竖了一座雕像，
基座上写着"永不放弃"四个字

  2006年,中国新一代喷气式干线客机C919正式立项,这是中国第一款按照最新国际适航标准,具有自主知识产权的干线民用飞机,位列《国家中长期科学与技术发展规划纲要(2006——2020)》确定的16个重大专项之一。中国人的大飞机梦,再次启动了。

  胡双钱所在的上海飞机制造厂,也理所当然地再次承担起国内民用航空生产第一线的重担。而这一次,作为新一代干线客机的C919,使用了大量的全新设计,这也给胡双钱所在的上海飞机制造厂生产线提出了更高的要求。需要胡双钱进行手工精细加工的零部件,最大的将近5米,最小的比曲别针还小。

  "加工过最小一个零件就这么一点嘛,跟小手指的指甲盖的二分之一差不多,像个钩子一样,很小的,上面还要打孔。"胡双钱边说边比画。他现场给我们找到了一个样品,这个小小的钩子看上去有点像阿拉伯数字"6",当摄像机终于清晰聚焦到这个小金属钩的时候,画面上老胡手指上的指纹都能看清。

  采访中间,胡双钱正好接到新的机械加工任务,需要他按照图纸要求加工一块合金,胡双钱现场就操作起来。他熟练操作着电脑,反复对照了电子图纸和毛坯件。在确保无误之后,胡双钱才开始在合金块上涂漆色。随后,用标记刀在上面快速划出辅助线,需要他完成钻孔和打磨的地方,就被清晰标记了出来。随后,老胡在车床上,操作飞速旋转的钻头接触合金表面,一条闪着银光的金属屑立即旋转着扬起,像一朵缓缓绽放的金属花。

  对胡双钱来说,这些机械加工都只是日常工作。他面临的真正挑战,是生产中突发的"救急"。

  有一次,飞机装配急需增加一个特种金属零件,如果从原制造厂调配，会额外耗费几天的时间。为了不耽误工期，厂里决定尝试用钛合金毛坯现场加工。这个任务，交给了胡双钱。

"这块毛坯价值 100 多万，就手掌这么大块，关键它是精锻锻出来的，所以成本相当高。上面需要打 36 个孔，大小不一样，它对孔的精度要求是 0.024 毫米。"这件事胡双钱印象很深，他跟我们仔细回忆了当时的细节。

0.024 毫米这个精度，比人的发丝直径还要细，已经超出了肉眼可观察到的范围。由于现场加急，连图纸都没有，需要精细编程才能进行加工的数控车床，此时也根本帮不上忙。胡双钱能依靠的，只有自己这双微微泛青的手掌，和一台他最为熟悉的传统老铣钻床。

"工人都围着在看，屏息凝气，一个孔打下来，测量的时候，我那个心里还在跳呀！"时隔多年，胡双钱想起当时的情景，仍然很激动。"我打之前，就拿类似的废料试过几次，这个打孔角度如果不试的话，一个孔不对，你装不上去，这个零件就报废掉了。"

打完整个零件上这 36 个孔，胡双钱用了一个多小时。每打好一个，就马上用千分尺测量精度，确定无误后，再打下一个。在这场"金属雕花"完成之后，这个钛合金零件一次性通过了检验，直接就送去飞机上安装，节省了大量的时间。

"越是难的零件、越是复杂的零件，我发觉做出来越有成就感。检验合格了，会有成就感。而且一个晚上下来疲劳感也会消除。"胡双钱说，这种用自己的双手战胜挑战的感觉，很让人迷恋。

谈起胡双钱，上飞厂的年轻钳工曹俊杰告诉我们，在厂里，老胡有别人没有的"待遇"："有特急件总会想到老胡。半夜三更把他叫到厂里来也是很正常的事情。别人没这待遇，但是相反的话，他就是家里面

胡双钱向年轻同事传授技术

肯定照顾得少一点。"

胡双钱现在一周有六天要泡在车间里。家里仅有一张全家福照片，是 2006 年照的。2013 年，老胡一家才从住了十几年的 30 平方米的老房子搬了出来，贷款买下了上海宝山区的一所 70 平方米的房子，换了新家。

作为一个一线工人，老胡的家和想象中的一样朴素。家里并不大，但是收拾得整整齐齐。墙面的五斗橱上，摆放着他和妻子当年的结婚照，以及 20 世纪 80 年代老上海的各种工艺摆件。其中颜色最鲜艳的，是上飞厂生产的红色 ARJ21 飞机纪念模型。

虽然是身怀绝艺的顶尖钳工，但胡双钱的薪水，在上海这座繁华的东方金融中心城市，还远远算不得丰厚。这么多年来，他带回家的最大财富，就是自己凭手艺和口碑获得的一摞摞奖状和证书。

"这些平时也不摆外面，就自己欣赏下。"胡双钱的爱人李菊兰，在我们的要求下，向我们展示了丈夫的荣誉证书。这些证书，平时她都放在卧室的储物柜里，很少拿出来。但是谈起来，仍然如数家珍。"这个是 2001 年的，他得的第一个奖，大奖，质量优秀员工的。这个是全国五一劳动奖章。"李菊兰轻轻打开这本代表国家工人阶级最高荣誉证书的塑料膜胶封，"这个我保护得挺好的。"

2018 年，国产 C919 大飞机将迎来立项后第 12 个年头，新的 C919 试飞飞机将下线，新的试飞科目也将紧锣密鼓地展开。在上海浦东的中国商飞基地厂房里，"长期奋斗、长期攻关、长期吃苦、长期奉献"这四条标语在五星红旗左右两侧挂置着，占据了整整一面墙壁，格外醒目。对于商飞的航空产业工作者来说，要干好新一代国产大飞机的研制工作，墙上的这 16 个字，就是对他们事业过去和未来的真实描述。

　　胡双钱，也将迎来人生的第 58 个生日。距离退休还有两年，老胡觉得，时间太短了。

　　"我回想我的一生过来，我是 708 工程（运 –10）进来的，到我退休的时候正好在这里就是 C919，恐怕我不能干宽体大飞机，就要退休了，但是年龄允许的话，最好再让我干 10 年、20 年，为中国大飞机多做一点贡献，这个是最好的，是我的理想。"站在浦东的总装厂房里，看着又将完成总装的新一架 C919，干了一辈子钳工没出过次品的胡双钱，充满希望。

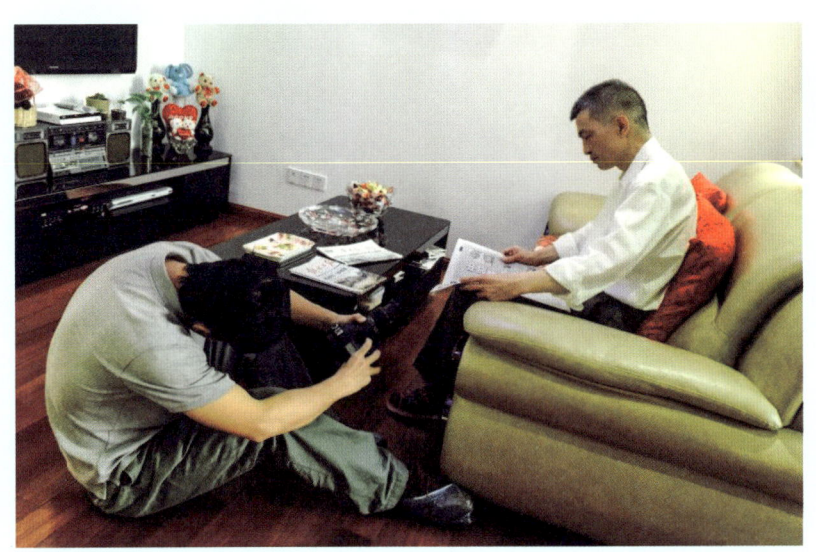

摄影师拍摄胡双钱的日常生活

海派工匠胡双钱

在制作《大国工匠》第一季的时候,我正好是中国商飞的跑口记者,长期跟踪中国大飞机C919研制的进度。从题材上来说,这个占据中国现代工业顶尖水平的项目,如果没有一个"镇压行业"级别的高手大师,反而倒是怪事了。

经过反复斟酌,我们才选择了造大飞机C919的航空钳工胡双钱。尤其感谢时任中国商飞宣传处处长的程福江先生,正是在这位有情怀的航空人的力荐之下,我们找到了故事的主人公。

胡双钱,1960年上海本地生人,和我父亲同岁,熟了之后我开始喊他胡叔。

其实胡叔并不爱说话。《大国工匠》的采访期间,我在车间、厂区等不同的地方，长时间地采访了他三次，最后才完成了访谈的部分。但是胡叔的表达很纯粹，一如其人，只要通过简单的沟通，他就能把自己将近40年在工厂的经历和经验，准确地形容出来。他形容丝级精度的表达"螺栓从这个洞放下去有点紧，但是也不是很紧很紧，这个感觉"，十分传神。

当时选择的主要采访地，是位于上飞厂厂区正中央的草坪上。我和胡叔席地而坐，拉家常一样聊了很久。背后的背景，就是刚才文章里提到的，中国存留下的最后一架运-10。那是中国人大飞机梦想的纪念碑，虽身躯残败却不曾垮掉。

我知道作为一个85后，我的世界和他的相距甚远。

但是我愿意听他的故事，并且想把这个故事讲好，给更多的人听。

还记得最长的那次聊天，我们从下午3点一直聊到日头西坠。摄像段哥为了保证不偏色，专门给我调了3次色温，未曾关机。

在经过深入的了解后，我内心里把胡叔定义为"海派工匠"的代表。不同于人高马大、气质豪爽的"北派工匠"，胡叔外表淡定，内心细腻，有着发自心底的技术崇拜和职业道德。观众可能很难想象，生活中的胡双钱，还是上飞厂内部数千员工中的桥牌高手，他平时爱自己组装和维修老收音机，会帮徒弟和工友们理发，在行色匆匆的大上海坚持骑自行车上下班，自己讲到高兴处还会非常得意地感叹"欸——"这些细节如果放在节目里，其实更能为大家塑造一个非常立体的胡双钱，但限于篇幅，我们不得不忍痛删减。事实上，当时我和编辑许晓然确实是在非常多的人物采访亮点中挑花了眼，不得不和做纪录片一样，一条一条写成小备忘，然后反复讨论推敲，应该留下哪些，放弃哪些。由于实际片长只有近8分钟，如果再塞东西只会尾大不掉，所以最终成稿时，我们只能保留最为重要和精华的部分。

《大国工匠》整个节目采用了当时在新闻频道非常少见的精品拍摄方式,整个摄像团队基本放弃了用得非常顺手的松下3100高清大机器,而采用单反相机配大三元镜头的方式完成所有拍摄,事实证明这正是《大国工匠》能够脱颖而出的核心竞争力之一。单反相机拍出来的色彩饱和度很高,尤其突出了工业生产线上金属的质感。摄像老师段德文也是非常出色,镜头的选择和构建非常具有想象力,尤其是长焦和微距的使用,很好地突出了人物在环境中的形象定位,也将原本枯燥的"车铣刨磨钳"操作中,工业精细化操作的质感突出了出来。

但是我觉得,《大国工匠》被承认的核心价值,就是抓住了像胡双钱这样,脚踏实地一个零件一个零件去加工的匠心工人,并发掘出了他们所表现出的这种值得当今社会去学习推广的可贵品质。

在上海这座繁华而快节奏的城市里,面对在市场经济浪潮里快速发展的社会,胡双钱仍然蹬着他的老自行车,几十年如一日地往返两点一线。

他是有机会赚大钱的。

航空钳工,就凭这四个字,他可以在所有现代工业企业里拿到工人群体里最高水平的工资。20世纪80年代上海飞机制造厂不景气,上海的汽车制造则赶上了好时候,如果遇到厂门口排队停着车准备挖人的盛况,我相信到今天,也没几个人能不动心。

节目做完之后,有观众和我聊天的时候就说,胡叔是产业里"奉献"的楷模,值得尊敬。

我觉得,胡叔留下来,等到中国大飞机事业云开雾散,再次大展手脚的原因,是他单纯地坚守着他认为最"有价值"的东西,而

不是最"值钱"的东西。

当时节目的播出链接下面还有评论说,中国航空产业还是不发达,你看还是要用人工,发达国家都是流水线生产。这也能够深刻反映出,目前全社会对现代工业的误解太深,了解太少。如果我们连技术是什么都搞不清楚,怎么谈技术崇拜?怎么谈技术钻研?怎么谈技术赶超?

在节目开篇我就提到,无论多强大的航空制造商,连波音空客都要花重金养高级工匠,来处理生产线上的突发和紧急任务。事实上,全世界几乎没有两架一模一样的飞机,即使外观看上去99%相似,也没准A机这里多用了一个小垫片,B机这里换了紧固件连接方式。所以每一架飞机,都会有经过手工调校的地方。

这就是航空产业的真实特点。连全球顶尖的洛克希德·马丁的臭鼬工厂里,也一样需要手工匠人完成最高难度的手工工艺。

这,就是手艺的价值。

还有让我内心很触动的一点,在节目里面并没有直接展现出来。那就是胡叔30多年坚守在航空制造一线阵地。但是真正了解他之后,我们能够感受到,这种坚守,和我们现在所说的"耗日子"心态是不一样的。

"耗日子"的人,是天天游走在"及格线"上的。他们很难有动力去付出足够多的心血在自己的事业上,所以失去的时候,也未必留恋。

但是胡双钱这样的匠人,是在一件件产品生产的过程里,慢慢调整自己的火候,形成不可替代的经验和手感,将技艺提升到更高的高度。

这种日渐精湛的技艺,不能直接地帮他多挣哪怕一分钱,但是会让他的生活和事业有一种内在的充实。

从20世纪80年代一直到21世纪初,中国的航空工业及至整个国防工业都陷入了低谷。执行计划任务所需要的使命感和责任感,很轻松就被物质生活的硬性需求所击溃,而在这种浪潮中,能够坚守在这个阵线上,推动国家核心竞争力发展的每一个人才,都和战争年代为国家和人民牺牲的勇士一样,值得尊重和学习。

和平年代的英雄,莫过于此。

中央电视台新闻中心原记者 赵中良

胡双钱与记者赵中良在C919前的合影

马荣：
刀尖舞者 雕刻人生

人物简介

　　马荣，中国印钞造币总公司技术中心设计雕刻室高级工艺美术师。中国第四代钞票凹版雕刻师，也是我国第一位人民币人像雕刻的女雕刻家。目前流通的10元、20元、50元、100元人民币的毛主席头像都是她雕刻的。

　　她从事钞票原版雕刻创作近40年，独立承担高水平钞票原版雕刻，编制了手工雕刻专业和手绘工艺技术教材。她完成了第五套人民币的关键性创作、北京奥运会金银纪念币全球招标设计等重点项目，其科研成果达到国际先进水平，曾受邀赴意大利国际雕刻学院讲学。

马荣：刀尖舞者 雕刻人生

中国印钞造币总公司技术中心设计雕刻室高级工艺美术师马荣

题记

目前，市面流通的 100 元人民币，摸上去线条凹凸不平，使用的是国际印钞界先进的凹版雕刻技术，有重要的防伪作用。而防伪的最后一关就是人像雕刻。这版人民币上的毛泽东肖像就是马荣雕刻的。

作为我国第一位人民币人像雕刻的女雕刻家，有着近40年的凹版雕刻经验的马荣，这样认识钞票凹版雕刻的难度："我们钞票的凹版雕刻对形象的塑造是最难的，你要表现它的精气神、空间感、质感，这些都得用点和线去划分出来。"

对于人民币来说，人像雕刻的难度还体现在它的特殊性上。马荣说："人像雕刻是最后一道防线。必须做到精，做到极致，才能达到防伪的效果。"

一有闲暇，马荣就会指导学生练习雕刻："我们在刻每根线的时候，都一定要拿住刀，摒住呼吸，然后慢慢往前推刀。"

说到自己最初学习雕刻，感受最难的是什么，马荣回答了四个字："不可逆的。"

不可逆，是因为凹版雕刻，需要雕刻师用钢刀一笔一笔在钢版上刻下痕迹，所以没有逆转的可能，刻下的痕迹多与少，深与浅，粗与细，都会影响所刻画的形象。因此，对马荣他们这些雕刻师来说，手中的刻刀如何下笔非常讲究："只能是往上加，不能往下减。刻偏了，形象就会有偏差。手劲大点，那这个皮肤就深了。"

即便是雕刻了近40年，马荣还是会经常抽出时间来练习人像雕刻。

一位成熟的雕刻师，需要培养至少10年，这就是因为得练功夫。马荣的师傅对徒弟的要求很严格。马荣总结师傅教给的诀窍说："一遍又一遍地练。"

赵亚芸是中国第三代凹版雕刻大师，也是马荣的第一位师傅。

虽然已经出师多年，并功成名就，但马荣仍深深感怀赵师傅对她最初的培养，每年都会抽出时间，带着自己最新的作品专程去看望赵师傅。

正在进行雕刻的马荣

这一次,马荣带的作品名称是《青铜器》。见到马荣,赵师傅别提有多开心,拉着马荣的手就像拉着自己的孩子。看到马荣的新作品,赵师傅仍像以往一样,用放大镜一个线条一个线条仔细地看。有马荣这样一个学生,赵师傅很骄傲:"一开始谁都不会刻,你心沉不下去。我给你拿一个杯子,倒一杯子水,看着这水,让你心静了。马荣我没给过。她就坐得住,她就能听话,她有一个想法,就是我必须得把这事做好了。"

马荣对自己的师傅也非常崇拜:"作为女雕刻家,她是(我国)第一位。所以我很崇拜她,我那时候刚来了以后,我就说我将来一定要成

为像她一样的雕刻师。"

赵师傅的要求很高，马荣则在师傅的基础上继续给自己加码："如果刻坏了会很自责，一想又是走神了，或者是心没静，那我就会再重新刻，这样一遍一遍让自己全神贯注地刻。就是到了一种周边的事物全都没有，成了一种空灵的状态。这时候才能达到最佳的雕刻状态。"

为了达到雕刻的最佳状态，在多少次的训练之后，马荣感觉到刀、手、钢版成为一体："这种感觉呢，钢版不是很硬，变得越来越软。"

硬邦邦的钢版，在马荣的手里变得柔软，这也是马荣的学生们最想找到的感觉。

马荣的学生牛凯问："这个度到了什么样算合适的？"

马荣传授自己的技巧："你刻的时候手要放松，你就可以自如地去转，这样刻出来的线才能挺拔。"

马荣是第一位从事人民币人像雕刻的女雕刻家，对钞票中运用人像的设计非常清楚："人物形象用在钞票上是有原因的，因为它可以抓人。一般都是用公众人物，各个国家的政界领袖，这样大家就能够第一眼看到它就能够识别它的真伪。"

自己学习到的雕刻技能，能用到钞票上，是每一位凹版雕刻师的梦想。

1997年，即将发行的新一版人民币设计了毛主席的头像。马荣和当时的钞票凹版大师们一同竞争。

遗憾的是，马荣刻的钢版落选了："当时没有经验，在刻的时候，刀往外偏了一点，眼睛就稍微变大了一点。所以就落选了。"

记者问她："当时落选之后失落吗？"

马荣淡淡地说："还好吧，因为还有机会。"

马荣继续完善着自己的凹版雕刻工艺："艺术造型上要做得准确，对于形象的塑造，必须很唯美，有雕刻师的个性，让大家都喜欢。"

几年之后，马荣迎来了新的机会。这一次，雕刻师们要挑战的是20元人民币上的毛主席头像："当时能够挑大梁的老师傅们都陆续退休了，这时候我们比较年轻，跟他们差着二三十岁，感觉压力比较大，如果我们不把这个任务挑起来，人民币的雕刻水平就会下降。"

"要是水平下降，它意味着什么呢？"

"意味着防伪会受影响，人民币的安全会受到影响。"

每一块钢版，只能雕刻一种人物形象。马荣有很多好创意，而在一块钢版上无法同时实现。马荣做了一个大胆的决定，同时雕刻两块钢版，这就意味着她要比其他的同事多花一倍的时间和精力："都刻到80%的时候呢，时间已经很紧张了，那我就必须舍弃一块版，我对这块版比较满意，因为他的这个眼睛比较传神，精神面貌比另一个更鲜明一些。现在用到了50元、20元和10元人民币上。"

人像的雕刻对雕刻师挑战极大，因此，马荣不时会提醒自己的学生："一定要缜密。"

缜密的工艺，在钞票上会有独到的功用。对此，马荣体会深刻："多一个点，或者少一根线都不行，因为它是要防伪的。如果是雕刻师自己再重新刻这一块版都不见得能刻得一模一样。"

年纪轻轻的马荣，雕刻的20元人民币头像被采用，让师傅赵亚芸惊叹不已："我都不相信是马荣刻的。我当时还想着是回聘的哪位师傅。在我不知道的情况下，在我退休以后，她肯定练了刻了不少，她才能刻出毛主席像，一般毛主席像可是不好接。"

而对于马荣来说，钞票凹版雕刻，最难的还不是刻钢版，而是转型。

马荣指导学生

马荣向记者展示如何通过触摸辨别人民币的真伪

因为，随着工艺及设备的更新换代，国际上不少与凹版雕刻相匹配的设备都已经停产，凹版雕刻也必须转型。

对于马荣来说，转型就是从传统的雕刻转变成电子的数字化雕刻。

"手工雕刻是艺术，然后就觉得用电脑，那还是艺术吗？可是一想到，人民币的重担落到我们肩上，我们必须根据这个新的工艺，再给它重新做到高水平。这是比较艰难的，就是转型有点像脱胎换骨。"

转型，让雕刻大师马荣在计算机面前成了年轻人的学生。为了学习计算机的基础常识，马荣花了一个月的工资买了一台电脑放在家里，下班回家练习白天单位年轻人教的计算机基础，并认真做笔记："从工具到文件，想查阅什么资料都是分类的。"

说起数字化雕刻跟原来手工雕刻的区别，马荣这样来表述："就是拿鼠标代替了雕刻刀。"

新发行的100元人民币人像，就是马荣用数字化雕刻创作的。马荣将凹版雕刻工艺整套移植到计算机里，并总结出实用的数字化雕刻技术，实现了传统工艺向现代工艺的完美过渡。

雕刻了人民币的头像，马荣自然也最清楚钞票的真伪："顺着衣纹的方向你可以感觉到衣服的纹路，如果是假钞，在色彩上变化也很大。"

马荣的先生孔维云也是一位钞票凹版雕刻师，他对凹版雕刻有着深厚的感情："凹版雕刻在中国经历了一百多年，从早期美国雕刻师把它引入中国，经过几代雕刻师一代一代地把它传承下来，在钞票上做出了很多非常经典的作品。"

马荣与先生孔维云是同学，也是同事。同样做手工雕刻工作，孔维云的手法更为细腻，他们相互之间也经常启发着彼此的创作。

同是钞票凹版雕刻师，他们也有机会共同创作一件传世作品。

马荣给记者展示了现在正在流通的1元人民币："你看这个1元的，正面的主席像是我刻的，背面的风景——西湖景是他的作品。"

作为雕刻中国人民币人像的凹版雕刻家，马荣应邀要到意大利雕刻师学院进行为期两个月的讲学。先生孔维云精心帮她做着准备："《清明上河图》带去，因为这个是咱们很多雕刻师合作创作的，不但能宣传咱们的雕刻技术，同时，也能表现中国的传统文化艺术。"

当今的世界，各个国家的凹版雕刻师都在减少。所以在意大利成立了一个印钞界的国际雕刻师学院，可以让各个国家的雕刻师到这里进行深造，聘请顶级的雕刻师来当教师来指导他们学习。在这里，来自中国的大国工匠马荣也将她的凹版雕刻工艺与经验传播着。

马荣的先生孔维云对她最为了解："把中国的传统雕刻艺术，还有文化艺术，伴随着人民币传到全世界，我觉得这是我们的责任。"

雕刻了近40年钞票人像的马荣，对人民币有着不同寻常的感情："现在的快捷的支付方式很多嘛，但我还是喜欢人民币。一般人拿到人民币的时候，可能看看数字就交出去了。我每次不但要看数字，还要看看我们的这个作品。因为它承载着中国文化嘛，我会对它更尊重、更珍惜、更看重。"

目前，我国仅有十几人从事钞票凹版雕刻工作。马荣，是中国第四代钞票凹版雕刻师，她正在培养第五代钞票凹版雕刻师。

每一个点，每一根线，都是马荣与钢版的对话。在马荣心里，每刻一刀不可逆，几十年的人生更是不可逆，近40年，马荣凭着匠人的坚韧，执着地在刀尖上跳舞，舞出了不同于常人的雕刻人生。

记者与马荣夫妇的合影

新时代的大国工匠

我国运用在钞票上的凹版雕刻技术，是目前世界上顶级的防伪技术，因此雕刻的人像不仅要达到最高级别的防伪要求，而且在技法上更要追求出神入化的艺术效果。而雕刻人像的人，几十年如一日，用心与钢版对话，从源头上守护人民币的安全。

思绪回归到2016年4月，在中国印钞造币总公司技术中心的设计雕刻室里，我们在那里度过了一段极为安静的时光。回看节目播出后我的微信相册，记录了这样一段当时的内心独白：

我们的每一张人民币都与她有关——

每刻一刀不可逆

几十年的人生更是不可逆

寂静 空灵 安守

匠心传世 雕刻出极致人生

在《大国工匠》系列报道中，我参与了前五季新闻节目和纪录片第一集的报道，在这些创作中，马荣的这集是我最喜欢的报道之一。我采访过的大国工匠，都有一个共性，通俗点讲叫"情怀"。用《大国工匠》纪录片总撰稿崔文华老师的话表述是这样："匠之大者，为国为民。心有精诚，手有精艺，炼技修心，兼济天下。"

这些大国工匠都有一颗匠心，采访马荣，已经到了第三季，如果再凭着描述匠心来打动观众，难免会视觉疲劳，鸡汤乏味。因此，创作这一季实为艰难，必须创新，才能再创大国工匠的品牌辉煌。为了能有新的突破，新闻中心经济新闻部主任肖振生召集部门所有制片人开会，为第三季《大国工匠》的创新出谋划策。农业经济组制片人宋建春曾经与姜秋镝主任开创过被中宣部誉为中国第一公益栏目的《共同关注》，他对人物创作比较拿手。会上，他出了个点子："能否用第一人称表述？"这个思路开启了我们第三季的报道。正在外地出差的我，接到了制作样片的任务，当时采制时间已经非常有限。与其他人相比，我更幸运一些，建春是我的制片人，平时工作交集多，在第一时间向他求助，学习第一人称表述的方法。

　　初见马荣，是在他们的工作室，安静极了。有一位工人日报社的记者正在给她拍摄图片。为了不影响这位同行的采访工作，我与马荣的领导，也是她的先生孔维云老师聊起来。之前制作两季《大国工匠》的经验告诉我，一个成功的人物报道，前提就是海聊，天南地北，凡是与这个人物相关的信息尽可能了解。孔维云老师耐心、细致，让我对钞票凹版雕刻的历史和技巧有了初步的了解。但是对于采访马荣，这一点还远远不够。别无他法，见面第一天，我就告

诉马荣和孔维云,这段时间,我会与他们一同上班,一同吃饭,甚至会到他们家里采访。

这一集节目,通篇是一种安静、唯美的风格,这与凹版雕刻的特殊工艺密不可分。置身于马荣的工作环境,感受到的始终是一种安静,从工作室雕刻师近乎静止地雕刻,到他们轻轻地走路,柔声地讲话,几天采访的熏染,似乎我也变得有些柔声细语、步伐轻盈了。感受下来,安静,能否成为马荣这集的关键词,串起通篇?有了这个初步设想,我和摄像老师邵晨朝着这个方向努力。为了凸显这种安静的氛围,每天,我们等到雕刻师们下班之后才开始进入正式拍摄。

马荣在磨刻刀,马荣在雕刻凹版,马荣在指导学生学习雕刻技法……拍摄几天下来,感觉这些仍只是碎片,无法串联起一个有血有肉、生动鲜活、打动人心的大国工匠形象。采访进入到了一个难以突破的瓶颈。无法突破,就转换一个拍摄节奏和场景。如今还清楚地记得那天是一个星期四,也就是我们交稿子的最后期限。我们跟随着马荣和孔维云二位雕刻大师,来到北京印钞厂的一个宿舍楼,那里,居住着马荣上班之后的第一位师傅赵亚芸,她是中国第三代凹版雕刻大师。

年至耄耋的老人家见到马荣,就像见到自己远行回家的女儿,亲切地拉过马荣的手，不愿松开。老人家洪亮的声音多次重复着一句话："马荣，能有马荣这么一个学生，我没白活。"热闹的开场，一下子打破了我们此前采访的局限。从师傅如何授课，到师徒之间的传承，再到师傅眼中的马荣，贯穿了马荣最初学习人像雕刻的岁月，一个大国工匠逐渐立体起来。

对赵老师的采访，为我们的采访打开了一扇窗。几代中国凹版雕刻师对人像雕刻的情怀，在老人娓娓道来的话语里、眼神里流露无遗。当天晚上，我按照最新的采访重新梳理了一版稿子，发给秋镝主任。她回复了几个字："一气呵成。她的匠心是静。联系机房吧。"第二天一早，我见到了这一集的剪辑师扈海超，至今，我仍感念海超当时对我的帮助。我带着超过1000多千兆字节的素材找到海超，告诉他这只是一部分，还有一部分画面我当天去拍。海超没有多说话，接过我的素材帮我上传。而我在傍晚风尘仆仆从北京印钞厂结束采访回到机房时，他已经按照稿子，帮我把节目的框架搭建起来。而在他上载巨量画面、搭建框架的过程中，他已知我想要表达的创意。海超给我看了几个他曾制作的样片小样，探讨片头片尾的设计。而在全篇第一人称表述中，超过10分钟的表达缺少节奏感，又过于安静，我们嵌入了一些拍摄时记录的现场，用于调整节奏。并用一些白描式的记录，配上音乐，来展示马荣工作时

的细节。周日下午，秋镝主任来审片，初步达到了她的预期效果。

经过修改、完善，节目如期推出，但又出现让人精神极度紧张的事情。当天《新闻联播》版面有限，原计划给我们三分钟，但在审片时，值班的台领导孙玉胜指出，长版的节目中还有一些精彩内容未能展示，这些内容也要加入。当时距离《新闻联播》开播已经只有十分钟，做减法，对于我们这些老编辑不在话下，做加法，说实话，我已经没有时间多想能不能赶上播出，只能用最短的时间做好。好在，在七点十几分的时候，我们的节目送到了播出线。虽然制作粗陋，但还是赶上了联播。

成风化人，凝心聚力，《大国工匠》这些年的影响有目共睹。这是一个需要工匠的时代，也是产生工匠的时代。马荣的宁静、纯粹，造就她成为一代大师。而在《大国工匠》的背后，还有一个可以称得上工匠的电视制作团队。我与《大国工匠》的牵头制片人岳群多次合作，大大小小的项目，受益于她太多。不巧的是，在制作《大国工匠》第三季的时候，岳群的先生突发急病，需要陪护。在这种情况下，岳群老师还是尽可能抽出时间了解我节目制作的进程，尽可能给予帮助。每次制作《大国工匠》，我们几位接活的同事都会扎根在编辑机房，互相鼓励着，一次又一次创新。

2017年5月，制作完《大国工匠》第五季的样片，我在微信朋友圈发了这样一段话，放在手记的最后，也以此作为一个结束，也是一个新的开始：

器物有形　匠心无界

成风化人　凝心聚力

两年多来，从第一季到第五季，《大国工匠》节目里和创作团队里的各位大国工匠，感恩有你们。

相伴耕耘，共享收获。

中央广播电视总台 中央电视台新闻中心记者　王凯博

张冬伟:
LNG 船上"缝"钢板

人物简介

张冬伟,1981 年 12 月出生,上海人,大专学历,沪东中华造船(集团)有限公司总装二部维护系统车间电焊二组班组长,高级技师,主要从事 LNG(液化天然气)船的围护系统二氧化碳焊接和氩弧焊焊接工作。

张冬伟刻苦钻研船舶建造技术,潜心传承工匠精神,成为公司高端产品 LNG 船及当今世界最先进、建造难度最大的 45000 吨集装箱滚装船的建造骨干工人,蓝领精英。他用自己火红的青春谱写了一曲执着于国家海洋装备建设的奉献之歌。

沪东中华造船（集团）有限公司高级技师
张冬伟

题记

LNG 船被称为"海上超级冷冻车"，要在零下 163 度的极低温环境下，漂洋过海，运送液化天然气。在世界民用造船领域，建造一艘 LNG 船的难度堪比建造一艘航母，目前只有美国等少数国家能建造 LNG 船，2005 年我国才有了第一批 16 个掌握 LNG 船焊接技术的工人，张冬伟就是其中之一。

系上腰带，戴上羊皮手套，扣上防护面具……熟悉的电焊声再次响起，张冬伟又开始了一天的工作。

张冬伟说："每当电弧光亮起的时候，挺享受这个声音，对我来说感觉就像是听音乐一样，一种很舒心的感觉。"

张冬伟正在焊接的，是我国第 9 条 LNG 船的内胆，也是整个船最核心的部分，需要焊接工人将一块块薄如纸的殷瓦钢板，像做衣服一样，一块一块连接起来。殷瓦钢板最薄的地方只有 0.7 毫米，像一张牛皮纸一样薄，钢板的后面是木头做的箱子，张冬伟手上的电焊如果力道稍微有一丁点儿不合适了，很有可能钢板后面的木箱子就会着火。有人说，烧焊缝就像是在木头上玩火。

一个小时过去了，被火光映照的面具后面，汗珠从张冬伟的鬓角滑落。对一个殷瓦钢焊工来说，最大的挑战就是如何稳定自己的心理状态，而这个状态的控制不是能够轻易做到的。张冬伟总能够有办法让自己在端起焊枪时平心静气。

3.5 米，走路可能只需要 4 秒钟，而张冬伟焊完一条 3.5 米长度的焊缝需要整整 5 个小时。连续 5 个小时，张冬伟心如止水，手如拂羽，身如渊渟岳峙，这确实是大匠境界。

张冬伟："我烧出来的焊缝基本上能够辨认出来，都是一次成型的，像鱼鳞一样比较均匀，我个人追求就是像绣花一样，一针一针一针很均匀的。"

张冬伟的同事说："他（张冬伟）干活一干就是 3 个小时，甚至 4 个小时才停下来。"

持续烧电焊几个小时，首先考验的就是基本功，蹲功要好，手也要稳。张冬伟说，如果蹲功不好的话，烧一会儿就需要站起来休息了，这

张冬伟往往一干就要三四个小时才能停下来

样烧电焊就失去了连续性,不仅会影响焊缝的外观,更重要的是会影响焊缝的质量。所以,烧焊缝也需要像练功夫一样,扎马步,练基本功。

殷瓦手工焊接是世界上难度最高的焊接技术,张冬伟的师傅秦毅是我国第一位掌握殷瓦焊接技术的焊工。第一次看到秦毅师傅展示单面焊双面的高超技艺,张冬伟大开眼界。单面焊双面成型技术,就是在焊缝正面焊接的同时,反面也有成型美观的焊缝。师傅纯熟的技艺震撼了这

个当时只有二十几岁的年轻人，原来烧焊缝是门艺术。在师傅的手下，熔化的铁水来去自如，十分听话。师傅露的这一手绝活儿，坚定了张冬伟潜心研究焊接技艺的决心。

殷瓦焊接超强的电弧光对眼睛的刺激很大，焊接时产生的飞沫对身体也有一定伤害，刚开始学徒时，不少同伴看师傅焊接一两个小时就走了，唯独张冬伟寸步不离。

张冬伟："我们作为一个焊工来说，这个东西不是说你躲得远远的就能学会的，师傅烧7个小时，我就看7个小时，简单的、重复的一个手势，你要真正去学会不是一两年就能学会的。"

为了尽快掌握LNG船焊接技术，张冬伟跟在师傅身边仔细观察，学习师傅的每一个焊接手势，连最小的细节都不放过，有时一看就是几个小时。在加丝焊接时，师傅的双手配合得恰到好处，抬起落下，干净利落。有句话说得好：师傅领进门，修行在个人。为了像师傅那样练好这个加丝的动作，张冬伟在焊接过程中反复练习，寻找加丝的手感，有时在家里吃饭的时候，他也会拿起筷子在空中比划，女儿们看到他的样子觉得很好笑，也会学着拿起筷子在空中划来划去。

LNG船主要用于装载和长途运输零下163摄氏度的液化天然气，是国际上公认的高技术、高难度、高附加值的"三高"船舶，被誉为"造船工业皇冠上的明珠"。LNG船的建造技术，以往只有欧美和日韩等发达国家的极少数船厂掌握。承接LNG船建造，对沪东中华造船有限公司来说是一个巨大的考验，国内没有先例可循，国外又实行技术封锁，只能一步步在摸索中艰难前行。

最初外国人并不看好中国人能掌握这项技术。能够在超级LNG船上进行全位置殷瓦手工焊接的焊工，必须经过国际专利公司GTT的严格考核，取得合格证书之后，每个月都要重新考核一次，考核合格才能继续上岗工作。结果张冬伟给师傅争了这口气。在秦毅的第一批学生里，张冬伟第一个考取了证书，外国考官对张冬伟竖起了大拇指，还在他考试时焊接的钢板上特地写了一个大大的"OK"。

张冬伟："我跟我师傅的时候，我就下定决心我技术一定要超过师傅，我自己带徒弟的时候，就希望我带的徒弟技术方面也能够超过我，如果说人人都能上一个台阶的话，那我们国家技术方面的人才，肯定是后继有人了。"

沪东中华造船集团的LNG建造团队曾经创造过一项记录，在一个大舱完成焊接作业后，经第三方密性检测为零漏点。试想一下，一个舱35公里的焊缝一个漏点也没有，除了需要极其精湛的技艺外，还需要超出常人的耐心和专注度，因此从事殷瓦焊接如果不能沉下心来，根本就不能保质保量完成任务。

殷瓦钢是一种耐超低温的钢材，薄如纸张，极易生锈，最薄的地方用手摸一下，24小时后就会锈穿。所以在焊接中，不能有一颗汗珠，一个手印，这就要求工人在焊接时，不仅要手上准，更要心里稳，焊工们的任何情绪波动，都有可能直接影响焊接的质量。为了磨练自己的心理状态，张冬伟闲暇时间就去钓鱼，练性子。

张冬伟："这个工作可能对外界来说，感觉是枯燥了一点，挺培养一个人的耐性的。我也比较喜欢钓鱼，这个钓鱼啊，跟我的工作性质差不多，我就一直专注着这个鱼漂，有可能8个小时一直看着它。"

张冬伟坦言，造船行业与其他行业相比，并不光鲜，相反十分艰苦，来自外界的诱惑很多也很大。有一次，张冬伟参加了一个焊接博览会，在博览会的现场进行了焊接表演赛，比赛结束后，有几个厂家的人私下

张冬伟钓鱼磨练耐性

找到他,询问他在沪东造船集团的工资、待遇,并提出了给他工资待遇翻一番等优厚条件,想把他挖走。

但是,张冬伟没有被外界的繁华和诱惑所吸引,从不到20岁就进入沪东中华技校,毕业后就在沪东中华工作,到后来一直参与建造LNG船,10余年来,张冬伟以坚定的信念和朴实的作风,为企业的发展默默耕耘,用实际行动践行着自己的青春誓言,他不但尽自己最大的努力提升技能水平,也要将自己的知识和经验毫无保留地传授给身边的同事,以培养更多的技术能手。通过师徒带教的形式,自2005年至2015年的10年间,张冬伟累计指导培训出了焊接最高等级殷瓦G证焊工、SP3\SP4\SP7等手工焊证焊工,及MO1—MO8氩弧焊自动焊工

张冬伟向同事传授技术

40多人,殷瓦拆板工6人,涉及围护系统焊接的各个焊接种类,满足了LNG船围护系统建造的各项需求,并先后带出了30多名熟练掌握多种焊接类型的复合型殷瓦焊工,其中2名已经是班组长,其余均为车间的技术骨干。

由于工期紧张,张冬伟常常是一周才能回家一次,和家人们在一起的时光不多,遇到交船时间紧张的时候,周末也要加班。女儿们想爸爸的时候,就会画大船,在女儿们的心里,爸爸是会造大船的"超级英雄"。

张冬伟:"爸爸造的船有10层楼那么高。"

大女儿:"哇,那么大!"

张冬伟:"爸爸在船上就像一个蚂蚁。"

大女儿："那我呢？"

张冬伟："你就像一个小蚂蚁。"

张冬伟说，小时候自己没有什么特别的梦想，给自己定的目标，不是上名高中、进知名大学，而是拥有安稳的工作，和寻常人一样生活。而选择了做焊工这个职业之后，才知道做焊工不容易，做一名好焊工，更不容易。平时穿着厚重的工作服，整日和滚烫的钢板、烟尘打交道，尤其在炎炎夏日，别人穿着短衣、短裤都嫌热，而自己却要捂着厚厚的工作服"战高温"。回顾过去，张冬伟的从业经历，说简单，其实也不太简单。一路走来，他的每一次转变，每一个进步，都体现了他远超同龄人的耐心和韧性，遇到困难和挑战的时候，他也从来没有退缩过。

张冬伟："不管面对多大的阻碍，我都没有想到过放弃，一次都没有。"

到目前为止，国内所有建造好的 12 条 LNG 船，都有张冬伟的参与。

张冬伟："每当试航的时候，看着 LNG 船缓缓驶向大海，就感觉挺自豪的。手艺这个活，不是像电脑打字一样白纸黑字你放在这儿永远会有。手艺这个东西是掌握在手里的，是要脑筋和手并用的，你热爱它了，你喜欢它了，你才会用心去学它，你才会追求它这个内在的东西。"

更多的中国 LNG 船陆续出坞，张冬伟这些殷瓦焊工们的心路历程将随着 LNG 船的遨游世界而愈加广远。

摄像师拍摄张冬伟的工作场景

先修"心境" 再练"技境"

2015年5月,《大国工匠》在中央电视台首播,片中8位用双手缔造"神话"的工匠迅速进入了公众的视野,呼唤"大国工匠",弘扬"工匠精神"成为社会持续关注的热点,而8位主人公当中唯一的80后——张冬伟,也因为他的年轻而更多地为人们所关注。

节目播出后,随着曝光率的增加,张冬伟的各种荣誉也纷至沓来:"全国职工职业道德建设标兵个人""全国五一劳动奖章""中国质量奖提名"等。这个原本低调平和、在岗位上默默奉献的年轻人,他能接受和适应这样近乎是一夜之间的改变吗?他的工作和生活会受到怎样的影响?他会因此而飘飘然吗?还能沉下心来继续钻研技术吗?这种荣誉和成就的"轰炸"对一个年轻人来说,是不是来得太早了?

那时候,在我的心里,真的有点担心他。

三年慢慢过去,我的那些担心和疑虑慢慢消散。

每次和张冬伟联系,他的态度还是和以前一样谦逊、平和,依旧每次都是很有礼貌地称呼我"郭记者",问起他现在的工作状态,也都是轻描淡写:"还和以前差不多,每天工作,带徒弟。"现在张冬伟依然是车间里的班组长,殷瓦焊接的技术带头人。有时候我和他开玩笑:"哇,冬伟,你都上了百度百科了,现在已经是名人了。"张冬伟听了,也只是"呵呵"一笑,没有更多的话语,那种平静和淡然,让人感受不到他的内心曾经起过什么波澜。

有时候我也在想,这些人为什么能够成为"大国工匠"?为什么他们就能够耐得住寂寞,挡得住诱惑?单凭手艺高、技术好,肯定是不够的。必须要先修了"心境"，才能达到"技境"。内心平和，遇事冷静沉着，张冬伟的身上有着超乎他年龄的一种超然和淡定。

然而，在三年前，在拍摄对象还没有确定的时候，我还曾经一度对他是否合适做《大国工匠》的主人公有些犹豫。

2015年4月17日，我接到了《大国工匠》的拍摄任务，这是一个关于人物的新闻节目，采访对象的选择是最重要的，只要人选对了，这个节目就成功了一半。摄制组开选题会分派人物时，有的同事已经确定了自己要拍摄的"大国工匠"，基本都是一些有着几十年工龄和阅历的老师傅，完全符合我脑海中对"大国工匠"的一个基础形象构建，饱经沧桑、双手带茧、经历坎坷，背后有一堆可歌可泣的故事可以赞颂。虽然那时我的拍摄人物还没有最后确定，但我对"他"的想象也和别人的无异。

在上海沪东船厂，我第一次见到了张冬伟，眼前这个个子高高的大男生，完全颠覆了我自己甚至观众想象中那种"老师傅"的形象。我开始纠结了，张冬伟，80后，那时候的他也就30岁出头，他的见识阅历、人物故事究竟能不能撑起这样一个专题类的节目？

沪东船厂的工作人员介绍，殷瓦焊接在中国至今不过10年历史，80后已经是从事这门技术的工人中的"老师傅"了，而且殷瓦手工焊接也是国际上顶尖的焊接工艺，在他们看来，张冬伟肯定是个合适的人选。于是抱着试试看的心态，我和我的摄像同事李子国，开始对张冬伟进行为期4天的贴身"跟踪"。我和张冬伟的年纪相仿，沟通起来没有太多障碍，几天接触下来，我才真正了解了张冬伟和殷瓦焊接领域。

张冬伟的工作地点是船舱的内部，为了安全起见，船厂要求每

张冬伟与记者的合影（从左起为：张冬伟同事、郭薇、张冬伟）

一个进入船舱的人都必须从头到脚装备专用服装，尤其是要穿上一双重达数公斤的钢板鞋。穿着钢板鞋在平地走动，已经很困难了，而LNG船的体积巨大，船舱内有10层楼高，里面的电梯只能运送货物，不能载人，我们穿着钢板鞋，在船舱里跟着张冬伟爬上爬下，不到一天，我的脚后跟就磨掉一块皮，一整天下来，两条腿几乎都抬不起来了，而这些却都是殷瓦焊工们的日常。

这些工匠们，其实看上去都很平凡，平凡到他就是你我身边的他，就是其中之一，跟普通的上班族一样，每天奔波在车水马龙的城市。但是这些工匠们又都不平凡，当下，能让人分心的事物太多，能专心致志、心无旁骛地做一件事很难，他们做到了，这些年轻人诚恳谦卑地接过从师傅那里传下来的"衣钵"，这不是简单的情怀，而是一旦选择了就决不放弃的执着和承诺。

作为一个记者，我很庆幸当时选择了张冬伟，能把一个真实的、年轻的"大国工匠"展现在荧幕上，从容独立、踏实务实、摒弃浮躁、执着专一，让观众认识他，了解他。

"匠人精神"意味深远，代表着一个时代的气质。择一事，终一生。

中央广播电视总台 中央电视台新闻中心原记者 郭薇

周平红：
破解难中之难的极巧者

人物简介

  周平红，中山医院内镜中心主任，世界顶级内镜专家。他突破了内镜手术的禁区，被欧洲同行奉为导师，被印度同行视为神一样的存在。他带领着那支内镜团队用雷霆之势席卷全球的消化道手术舞台，他的名字成为一种手术的世界代名词，因为他打通了世界的第四通道，这条通道通往的是生命。

复旦大学附属中山医院内镜中心主任周平红

题记

  这是一位关于大巧无极的故事,这是一个关于医者仁心的故事。

  从《黄帝内经》开始,医生便被定义为工匠,地位尚有待提高,但当医术和仁心相合,那便是一种伟大的情怀,从古至今,未尝有变。

  周平红,来自江南乡村,常忆稻谷飘香,常记农田劳苦,懂得民间疾苦。他日成为一代神术之医,依然未曾忘怀,神术之后是匠心,更是仁心。

  周平红教授的医者仁心,在于每日的奔波,几无空闲,他可以毫无保留地向好学者传授医术,可以跑遍大江南北,至深山之中为贫穷疾患施与健康,无他,国际友人曰:眼中有爱!

  2016年7月8日至10日，两年一度的第三届国际消化道肿瘤会议在希腊的雅典召开，本次会议云集了来自世界25个国家的400多位专业人士，世界消化内镜领域的诸多顶级专家莅临。

  这是一场被誉为世界内镜的奥林匹克盛会。

  会议的一项重要内容是，邀请内镜手术专家举行现场手术演示，并对施术方式和水平做出评析，以期促进内镜微创手术的发展。

  第一场手术演示难度最大，通常要由国际顶级专家担任。今年组委会把手术台交给了来自中国的内镜医生周平红。

  此时，周平红已经在距离会场数公里之外的希腊一家医院换上了手术服。周遭有希腊的医生和护士，所有这些人的目光是一样的：敬佩！在这个大会上，周平红如同博尔特一样，是神一样的存在！

  通往手术室的大门打开，周平红一个人走过长廊，长廊的那一头，四位助手已经就位，其中不乏世界著名的内镜专家。

  手术的对象是一位希腊的贲门失弛缓症患者，贲门失弛缓症是一种因食道下端括约肌弛缓不全，导致食物无法顺利通过食道的疾病。

  在内镜手术介入之前，这是一种大型外科手术才能解决的问题。如今，内窥镜手术利用人体的自然通道，实现了微创手术治疗。

  但进入人体的内窥镜刀头，如何走位，如何切割病灶，在于人体之外内窥镜操作端的那双手，两者相隔1.2米。肉眼无法直接看到人体内部，只能依靠内窥镜前端的摄像头传输的画面进行操作。

  内窥镜手术刀缓缓进入患者口腔，然后顺食道到达患者的贲门。

  与手术台相隔数公里的大会现场，周平红手术的视频实时传送过来。不仅如此，周平红操作的内窥镜手术刀在人体内走位，也实时传送过来。

  会场鸦雀无声。

手术在会场上实时播放

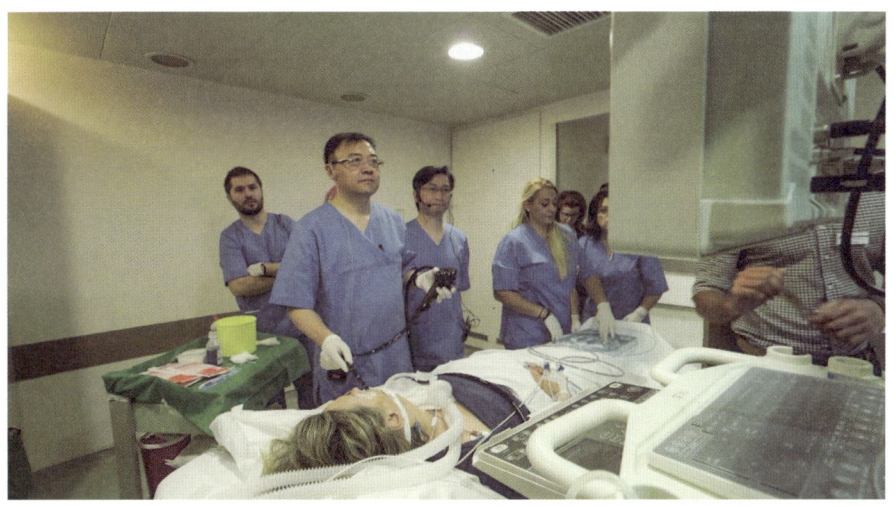
周平红镇定自若完成手术

这是一个消化道手术的交流大会,在这个大会上,任何手术演示都将是一场无与伦比的手术技艺交流盛宴,没有保留,包容开放。

周平红的双手手指修长,但刚毅有力,他操作的内窥镜手术刀很快找到了病灶。

病灶位于贲门后侧,内窥镜需要在食道内小心绕行,才可以对病灶进行完全覆盖。

手术室内的助手,大会现场的专家,他们都知道这样的手术难度太大。

但,周平红的脸上始终带着一丝微笑,他竟然能轻松地用英语和大会现场的专家进行互动,告知自己每一步操作的关键点,以及下一步的手术方案。

一切都是随机的,一切都靠临场判断,稍有差池,方寸间的手术都将失败。

但当周平红的手术刀准确地对病灶进行切割的时候,大会现场不再平静。

大会现场坐着的还有来自上海中山医院内镜中心的姚礼庆教授,对于周平红的手术,姚礼庆信心十足。他是周平红的老师,但他相信,周平红早已青出于蓝。

仅仅30分钟,这台手术就已经完成。这样流畅的手术举世罕见。来自德国的一位专家感叹,周先生的手术出神入化,跟如此大师近距离学习,是整个世界的福音。

这是中国人带给世界的福音。

会场之外,大会主席团的主席夫人,一位希腊的女画家,亲手将一幅周平红教授的肖像画送给他本人。当我们问起,作为作者,这幅肖像画哪个地方是她最满意的时，夫人微笑，眼睛，那双眼睛里有爱。

这是中国医生留给世界的印象，他们传递的不仅仅是高超的技艺，更重要的是，他们在传递——爱。

回到国内，周平红依然精气神儿十足，他是一个几乎不用倒时差的人。

一早，周平红就出现在了住院部，他的身后，是成群结队的内镜中心同行、见习医生，还有来自国外的医生。

所有人都希望和周平红的时刻同步，这是学习的最佳时机。

住院部里有个十几岁的女孩，面色苍白，前天的手术虽然只持续了半个多小时，但是女孩本就虚弱的身体，显然还没有及时地恢复过来，她也是一位贲门失弛缓症患者。

前天的手术是周平红教授亲自操刀的，孩子的父母急切而激动，告诉医生：今天竟然可以吃些流食，而且还是近一月之内吃得最多的。

周教授微笑道："放心，孩子能吃饭，就是好事，你们不要太担心，再过几天就可以正常饮食了。"

这是患者家属最为欣慰的答案……

上海复旦大学附属中山医院内镜中心，就是周平红工作的地方，全世界最具难度的POEM手术有一半以上都是在这里完成的。POEM手术的中文全称是：内窥镜下食管下层肌切开术，是目前全世界治疗贲门失弛缓症的最佳方法。

而在国际消化道的治疗序列里，这个手术方法被称之为周氏手术，周氏手术因周平红而得名。能用姓氏来为一个手术命名，这是全世界消化道治疗专家对于中国医生的肯定。

和外科手术不同，内镜手术是利用一条1.2米长的特制管状内窥镜，

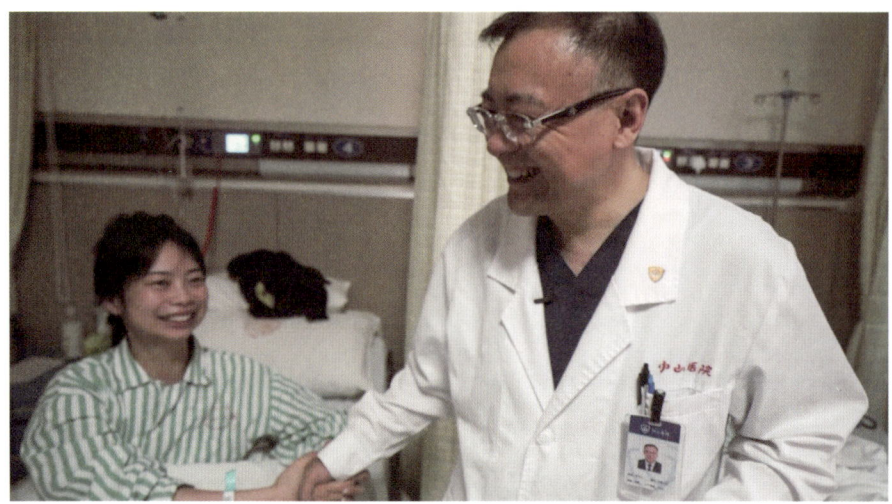

查房时,病人与周平红热情握手

深入体内的手术点,实施精准手术。对患者而言,最大的好处是手术只需在人体的自然腔道——消化道开一个小创口,免去了开胸破腹之痛,降低手术可能遭遇的风险,也减少了经济支出。

周平红正要施行的这场手术就是POEM术。病人的贲门附近长了一个肿瘤,按照传统治疗方案,必须开胸切除。现在周平红要用内镜微创手术来切除肿瘤。

周平红操刀手术的时候,是内镜中心手术室里最拥堵的时候。因为内窥镜手术在人体内完成,不需要像外科手术那样苛刻的无菌清洁,所以,很多人,包括国外前来上海专程学艺的消化道疾病治疗专家,都会在周平红手术的时候,现场观摩。

对于这样的情况,周平红习以为常,他甚至可以在这样的环境里谈笑风生,因为每一台手术,都是他和同事、同行进行理论联系实际的最佳交流时刻。

周平红的每一台手术,都是一个最直观的教程。同时,周平红更知道,只有交流,他才会发现更多的问题,才会进行更多的思考,进行更为科学的创新。

手术是在食道管壁的表浅黏膜层和较深的肌肉层之间进行的。人的食道管壁最厚处只有0.4厘米,在如此狭小的空间进行手术,病人食管受损概率较大。周平红独辟蹊径,在病人的食道管壁的夹层中,建造一条隐形隧道。

在食管跟胃壁夹层当中打一个隧道,周平红要在这个夹层里面,进行内镜下的手术操作。

在食道壁里打隧道是周平红的独创。打通隧道的第一步,就是在夹层里面,以注入生理盐水的方法,把原本密合的食道黏膜下层分离,这

样,一条原本闭合、肉眼无法看到的隧道在注水之后分离,形成隧道。接下来,直径只有 3 毫米的手术刀可以很方便地进入这个隧道,并在方寸之间进行微创手术。

周平红把每一步都详细地讲给周遭的同事、同行,但这并不意味着周平红的手术会出现三心二意的情况。

周平红的眼睛一眨不眨地盯着屏幕,顺手灵动,进入人体的内窥镜丝毫未有偏差。

完成这场手术,周平红只用了 20 分钟。而眼下,即便是在内镜手术水平位于世界最前列的日本,做一台简单的 POEM 手术依然需要至少一小时以上。这样的神级技艺,让很多世界顶级专家对周氏手术产生了浓厚的兴趣。

2016 年 7 月 3 日,周平红应江苏省人民医院邀请,来这里主刀一台内镜手术。

来自日本的内镜手术专家大浦也是众多现场观摩者之一。大浦像其他医生一样,拿出手机进行拍摄,这个时候,周平红突然侧脸,笑着说:"要收专利费啊。"

大浦一愣,周平红随即笑道:"玩笑而已,我继续手术,你继续拍摄。"

手术还是在半小时内顺利结束,整个过程他游刃有余,令人叹为观止!

十年前,内镜下微创切除手术在中国还是一片空白,周平红也是一名普通的外科医生。仅仅一次偶然的和内窥镜的邂逅,改变了周平红对未来的设定。

周平红当时希望自己能利用业余时间,多掌握一些知识,当时的姚礼庆教授建议他学习内窥镜,只不过在十年前,内镜主要用来进行消化

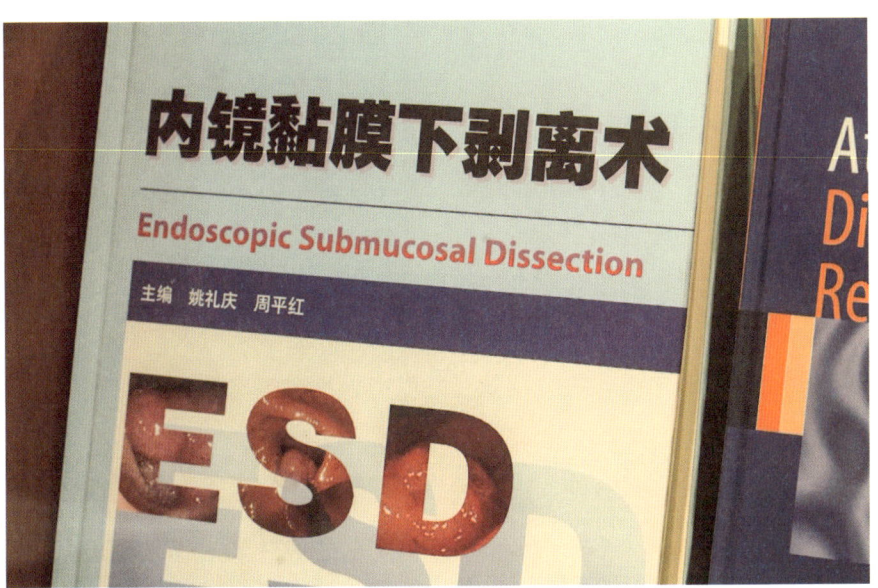

周平红主编的专业书籍

道疾病的检查，那个时候，几乎没有人想到内镜将来会变成一把手术刀。

在随后的几年，日本将这项技术运用到了临床上，并迅速在世界范围内奠定了他们不可撼动的地位。

2006年，上海中山医院送周平红远赴日本，学习内镜切除消化道早期癌症病灶的新技术。

到达日本后，周平红如饥似渴地汲取着来自发达国家的知识。别人做手术，到了六七点钟就下班了，周平红可以在手术台前，从早上站到晚上十点钟。他知道，每一项技艺的取得，没有艰辛的付出，都将是镜中之花、水中之月。

周平红来自江南乡村，农忙时节的劳碌，他丝毫不陌生，而他记忆中最明晰的是，劳碌之后父母欣慰的笑容，他知道，那就是获得。

周平红是那段时期，在所有赴日留学的学生中，问问题最多的，多问一个问题就多了一个思路。

在结束那段留学生涯之后，周平红已经对内窥镜手术有了自己独到的见解和超常的判断力。

2010年，周平红不仅已经在国内成功开展消化道早癌内镜切除术，并在此基础上，独创以隐形隧道法为特点的POEM术。至此，原本只用于检查的内镜，在他手上成了一把异常灵巧的手术刀。

几百台POEM手术成功之后，周平红在国际上开始暂露头角。2012年，作为中国代表，他被邀请参加在德国杜塞尔多夫举行的第14届世界消化内镜大会。

姚礼庆教授清楚地记得，那次受邀，仅仅是受邀观摩，那个时候，世界消化道内镜手术的舞台属于欧美国家和日本。

但这一次，中国人有足够的资本站在舞台之上。

在周平红的办公室里,各种医学会议的参会证挂满了衣架

经过努力，大会勉强答应了中国医生的请求，但提出一个条件，由周平红实施的手术必须要和日本的一位顶尖专家同时开始。

这是一场关于技艺、关乎荣辱的同场竞技。

周平红迈着大步进入了手术室。那一刻，他知道，整个学术界，几乎没有丝毫对于中国医生的信任，他曾经一度真实地听到这样的说法，只要是动手术刀，中国人就不行。

实际上，在大会的手术交流中，日本人、德国人、美国人、俄罗斯人、印度人都曾经站到过舞台中央，但从来没有中国人站在那里。

周平红要改变世界对中国人、对中国医生的看法。

仅仅半个小时，周平红就高质量地完成了手术，手术几乎完美无瑕。而这个时候，日本医生才刚开始对病灶进行切除。

周平红接近完美的手术，震惊了整个世界。当年在手术室里，亲眼看见这一切的一位德国医生，在三四年之后依然对那场手术记忆犹新，他说那是一个奇迹，一个不可思议的奇迹，中国人太厉害了。

2012年在世界专业舞台上的亮相，周平红展示了中国医生在内镜手术方面的速度、质量和技法，并一举奠定了中国在世界消化内镜微创切除领域的领先地位。

姚礼庆教授只记得，那个时刻，自己已经流泪。

求索者总是不断前行。取得世界性认可也只是一个阶段性成果的展示。周平红在实践中把原来一直局限在胃肠道腔内的内镜手术延伸到腔外——胸腔和腹腔。这是划时代的突破，意味着胃肠道疾患之外的更多病人将受惠于内镜微创手术。

对整个世界的内镜医师而言，这是个里程碑的时刻。未来，内镜治疗将打破禁忌，向胃肠道腔外延伸。

在不断提升手术技艺的同时，现在周平红还在致力于一种国产内窥镜配套工具的研发。其中有一种是缝合器。

消化道内镜手术有时需要穿透胃肠道壁施行，术后需要缝合创口，以往都需要使用国外制造的通用缝合器，每次只能发射出一枚金属夹子。一个缝合过程需要更换多个缝合器，患者因此承受巨大的痛苦，医生的工作强度很大，手术风险较高。

周平红想象中的缝合器可以实现连发，那样手术过程中就不用更换缝合器，大大降低手术风险。

而且最重要的是，周平红认为，一旦这样的缝合器研制出来，还将大大降低手术的费用，降低手术成本。

这同样是个异想天开的方案，正如同他的周氏手术一样。但周平红认为，没有异想天开就不会有创新，世界就不会有发展。

医者的出发点就是让生命最大限度地得到医疗技术的保障。医者仁心其实就是一种最朴素的爱，周平红想让这种爱普惠万众。周平红努力破解内镜手术的诸多难题，要把生死边缘上的人们拉回到健康生活中。

大匠皆有爱众惠民之心，这几乎是一个定律，这也是他们破解难中之难的根本动力和最大的价值所在。

周平红，医者仁心！

医者：匠心、仁心

2016年的春天，上海在刚刚经历了一个十几年都难得一遇的寒冬之后，终于温暖起来。

那一年，我们正在为讨论中国工匠和德国、日本工匠的区别而口干舌燥。彼时，中央电视台制作的《大国工匠》已经连续播出几年了，那些年的五一劳动节不再仅仅是游山玩水的节日，很多人都开始渐渐习惯，在游历中或多或少地聊起中国的实业，聊起中国的工人，聊起其中的工匠。

互联网经济正在中国蓬勃兴起，资本的游戏也已经席卷整个国家。我和很多人都以为，那可能就是整个世界未来的样子，实业又能如何？

就是在这样的迷惑里，我独自奔赴上海，开始了片子的前期调研。在那里，我有两个意向中的拍摄对象，一位是中国商飞集团的钣金工王伟，一位是上海中山医院的内窥镜专家周平红教授。

从中国商飞出来，坐着地铁赶往中山医院的时候，那句在资料里找到的句子一直不停地在我面前闪过：医者，工也！

没有问题，在中国古老的历史当中，医生被早早定位成了工匠的身份。

出了地铁，眼前就是中山医院了。上海被称为魔都，我在中山医院所在的街道也能看出一点魔性：路不宽，人车都很多，但竟然不拥堵。上海的很多东西都是精致的。

但我没有见到周平红教授，他去外地讲学了。

不过，我的收获不少，中山医院内窥镜中心的创始人姚礼庆教授，在一间几乎没有太多腾挪空间的办公室里，稳稳地坐着，等着我。

我以后所知道的中国的内窥镜发展史，就从那间逼仄的小屋里，慢慢地生长起来。

太难！

历史无需多说，两个字足矣……

在我还没来得及把中山医院内窥镜中心墙上挂着的诸多照片一一看过的时候，姚礼庆教授已经把外出讲学的周平红教授，用另外一种更鲜活的模样呈现在我的眼前。

一个在江南稻田里飞奔而来的少年，脚上沾着新鲜的泥巴，然后站定，笑盈盈地和田里的父母打着招呼。时近中午，少年和家人一起回到乡间里的农舍，一边逗着扑上来的小狗，一边拿起了一本厚厚的书……

然后就是求学，在上海，在香港，在日本……

周教授一定不会责怪我当初对他有如此的印象，在未来我们的接触中，他常常念及家乡，眼中有神往。

无论是学贯中西的教授，还是每日里站在手术台边的医者，他的手术刀总是我感兴趣的。

姚教授起身带着我到医疗设备间，拆开崭新的包装，让我看内窥镜的真面目。一根大多数人都看到过的内窥镜，只是在最前端有一根不足一厘米长、细如发丝的钢丝。

那就是手术刀了。

这一次见面之后，时隔数月，再来上海，我见到了周平红教授。

一切都是风风火火的，几乎没有寒暄，因为病人太多。例行的查房我是见过的，但病人和病人之间的距离，周教授用健步如飞缩短了，那段距离我几乎无法紧紧相随。

这位中年教授，始终笑呵呵的，让躺在病床上的病人很安心。周教授似乎记得每一位病人的情况，即便那位患者并不一定是自己亲手操刀实施的手术。他告诉从江苏农村来的夫妻，他们的女儿今日可进流食，又告诉一位老者，明日便可出院……

一圈下来，病房里竟然气氛热闹起来，我想，那一定是信任，而这种信任中带着亲切，没有距离。

然后就是一天的手术，整整一天。

内窥镜手术没有可见的创口，所有的过程都通过内窥镜的探头在病人体内完成。

这是我见到的大国工匠当中，唯一一位不能凭借手上的触感来作业的。但周教授的双手把控着长长的内窥镜的另一头，让那细如发丝的刀刃，精准无比地切下病灶。

教授高超的技艺，在这篇文章里已经无需赘述，反正，我就目瞪口呆地站在那里，看周教授站着一天做了四台手术。

还让我目瞪口呆的是，内窥镜手术是在人体内完成，手术环境相对开放，于是，我几乎是在人群中看完了那几台手术。

每天，中山医院内窥镜中心除了赶来治病的患者外，还有来自全国各地甚至是世界各地的内窥镜医生。

周平红教授刚刚换好手术服，手术台前已经挤满了这些问道的人，不足十平方米的空间站着几十个人，一打听，全是名震一方的著名医师。第一场手术的时候，我时常被眼前的各种颜色的脑袋挡住视线，他们比我更迫切地想看到屏幕上的手术细节。

有些人的生活就是在奔跑，我有幸和这样的人同行过一段时日。

连续五天的手术之后，一个周六的清晨，我们和周教授一起赶往南京：八点的学术讨论大会，十点的手术教学。

我记不太清那两位来自日本的内窥镜大家的名字了，但当年内窥镜手术做得最好的，就包括那两位日本医生。但现在不一样了。

周教授爱开玩笑，冲着日本医生说，看可以看，但不能录影。日本医生刚刚一愣的时候，周教授便笑起来说，其实没有关系，不仅可以录影，而且有问则答，知无不言。日本的两位医生就很雀跃，完全没了名动天下的大家该有的矜持。

奔跑还在继续，我几乎没有见到停歇的时候。

我们跟着周教授一行向希腊出发，那里即将召开内窥镜的世界交流大会，那个会议一直被称为内窥镜手术的奥林匹克。盛会之中，曾经一度是西方医生和日本医生的天下。

但中国人来了，周平红教授所带的团队来了。

大会主席的夫人花了近一年的时间，画了一幅肖像画，画中人是周平红。

会议之前的寒暄，让我突然眼睛一热，几乎每个人都以认识周教授为荣。

姚礼庆教授曾和我谈起数年前他们一起奔赴大会的情景，那时为时三天的大会没有给中国医生留一分钟的时间，那时傲慢和偏见是真的存在！但当年的那些中国人敢去参加盛会，便已经做好了准备：仅仅是为了学到更多的东西，仅仅是为了交流更多的东西，仅仅是用这些学到的东西造福患者。

没有毕其功于一役，没有决战的气息，但中国医生努力争取的一台手术交流，却成为当年的盛景，中国的医生周平红教授用最短的时间做了一台最复杂但却最精准的手术……

那是世人重新认识中国的一刻。

2016年的内窥镜手术世界交流大会，再次拉开大幕的时候，周平红教授穿着手术服，在希腊的医院开始了大会的第一场手术，手术视频同步传到会场。

我记得，那时数百人的大会鸦雀无声。我一直相信，再过很多年之后，我依然会记得周平红教授登场手术的情景：通往手术室的大门突然打开，周平红迎面而来，长长的走廊里，是他坚定的身影！

或许周平红教授已经习惯了类似大会响起的掌声，甚至他的学生蔡博士，一位干干净净、行事利索的女博士也已经习惯了那热烈的掌声，都很淡然。

而我却不能，我激动得一度想喝一杯。

周教授忙，他的同事们都忙，他们援助西藏、新疆以及全国各地的计划一一展开。他们没有任何的保留，他们希望整个中国的内窥镜手术水准全面提升，他们希望所有的患者都能受益于世界最先进的手术。

于民、于国，他们一直在努力，他们有仁心，为仁者！

那一年，那一季的《大国工匠》是在国庆播出的！

俱为幸事！

写这篇文章的时候，已经是2018年，仅仅两年过去，很多人已经开始热烈地讨论实业再兴，这样的变化同样发生在我身上，我和很多工匠成了朋友。

周平红教授，他的家人张颖太太和宇豪小兄弟，姚礼庆教授，王萍护士长，周教授的学生李全林博士、蔡明琰博士等，我一直惦记着你们。那让我热泪盈眶的时刻，是你们给予我的，我一直在珍惜，感谢你们！

同时我也感谢，在那段日子里一起战斗的姜力、梁芷绮、张文凯、王文博，你们是我的好兄弟、好姐妹！

纪录片导演 张永峰

单嘉玖：
一份良心 百年传世

人物简介

单嘉玖，女，古字画装裱修复技艺传承人。2017年12月28日，入选第五批国家级非物质文化遗产代表性项目代表性传承人推荐名单。

单嘉玖21岁进入故宫博物院科技部工作，到如今经她手修复的珍贵书画文物有两百多件。古书画修复简单说包括洗、揭、补、全四个步骤，每件书画文物的修复都需要漫长的周期，最长甚至需要若干年。修复师的工作最重要的是胆大心细，工作中绝不能懈怠，稍有不慎就会伤及文物。

单嘉玖的父亲单士元曾任故宫博物院副院长。在军阀混战的年代单士元成为第一批故宫文物守护者，直到91岁辞世，曾是唯一一位工龄和院龄一样长的故宫人。单嘉玖秉承了父亲"干文物不玩文物"的家训，一生两袖清风，专注书画修复。

故宫书画修复师单嘉玖

题记

　　书画修复是一门古老的手工技艺。在科技发达的今天，那些传世的古代书画也只能靠这门传统手艺才得以延续保存。故宫博物院大量原状陈列的书画都因为年代久远而损坏严重，修复的目的是延年益寿。修复一次，至少可以使其生命延长上百年。在故宫博物院有一批顶级修复师，他们修复的都是我国珍贵的一级文物。59岁的单嘉玖在这个岗位上已经工作了38年。

故宫博物院科技部的牌子挂在一条僻静的小巷

每天清晨单嘉玖都会从鼓楼的家步行到故宫上班，不急不缓，正好50分钟。这条路她已经走了38个年头。

穿过什刹海，眼前就是故宫。明清两代修建的这座宏伟宫殿，如今每天都会迎来来自五湖四海的几万名游客。而单嘉玖拐进的这条僻静小巷却很少有人知道。

单嘉玖供职的科技部坐落在故宫西侧，海棠树荫遮蔽，相传曾经是一座清代冷宫。

书画修复室的门有两层，一层是后来加的，为了防风。单嘉玖告诉我们："门对面的纸墙就是书画上墙撑平经常要用到的。北京春天的风太大，纸本身产生的拉力本来就大，一不留神很容易撕裂画心，自然更怕风。"门钥匙只有两把，谁最早来就去领钥匙开门，谁最晚走，就关好门窗锁好门将钥匙交还。"反正这钥匙是从来不允许出了科技部的门的。"如此严格的通行制度，是因为文物在这里一放就是一个月甚至一年多。

故宫馆藏文物浩如烟海，而单嘉玖熟悉每一代帝王对书画的偏好。比如乾隆皇帝是书画行家，一张画上画几只仙鹤、几棵松树他都会亲自下圣旨指导画师。

故宫古书画修复对象为两大类：一是以传世文物为主的宫廷收藏，包括书法、绘画、碑帖拓片、帝后画像等，如《伯远帖》《五牛图》《清明上河图》；另一类是宫廷史迹，包括宫殿中的匾额、帝王臣工的书法、绘画。这些古董如果没有修复技术的保护不可能流传到今天。

这天，单嘉玖和徒弟一起要修复的是一幅原本挂在景祺阁的山水贴落。

贴落是宫廷一种常见的装饰画，有的是皇帝御笔书法，有的是宫廷画师的作品。这两年，故宫正在恢复几座大殿的原貌，破损的贴落也要修好，再挂回原来的地方，让游客欣赏到当年真正的宫廷风采。单嘉玖所在的书画修复组就承担了这一任务。

让人意想不到的是，单嘉玖修复这张画的第一步是用热水洗画。古画年代久远，颜色已经固定，因此用水洗不会将颜色洗掉。而上面沉淀的百年尘埃用凉水是洗不掉的。

清洗之后就是揭画心。修复师要把作品原先的几层装裱纸揭开，只留下当时作画的那张薄薄的宣纸，以便对作品缺损的部位进行修补。

单嘉玖会小心翼翼地把第一层背纸大片揭下。这种装裱的背纸用的是乾隆高丽纸，也有几百年的历史，保留下来，将来可以继续用作修复材料。

单嘉玖说，乾隆高丽纸结实耐用，曾经她和造纸厂一起研究过仿制乾隆高丽纸，却怎么也达不到那样的质量。

揭下两层背纸之后就是最难揭的托心纸了。这是整个修复过程中最关键的一步，稍有差池就会将文物损毁。每到这一步，做了38年书画修复的单嘉玖也会感觉如履薄冰。

单嘉玖正在修复的这幅山水贴落由于年代久远，托心纸已经糟朽，和画心无法分离。没办法，为了保护画心的完好，单嘉玖决定采取搓的手法，将托心纸一点点搓掉。这可是一项费时费力的大工程。

画心连着托心纸，两张纸加在一起厚度只有0.22毫米，在这样的厚度上要准确触摸出哪层是画心，哪层是托心纸，手指上的功夫不是一天两天可以练就的。

古人把书画修复形容为"病笃延医"。所谓"医善，则随手而起；医不善，则随剂而毙"，甚至提出"不遇良工，宁存故物"的主张。

单嘉玖的徒弟喻理是中央美院的研究生，跟着单老师工作已经两年半了，到现在单老师还没让他独立修复过文物，一直都干着打浆糊这样打下手的活。

喻理说，别小看打浆糊这道工序，里面学问也多着呢。不同的工序用的糨子的黏稠度是不一样的。

热水洗画

    三年之内不能碰文物是单嘉玖的师傅定下的老规矩。单嘉玖年轻的时候也是这样日复一日跟着老师傅练习磨刷子、刮纸这些基本功的。

    最让喻理佩服的是单老师常常靠听就能指出他工作中的错误，靠辨别声音就能判断出刷子的力度和工序能不能达到要求。

    喻理说，这两年最大的收获还不是技术，而是体会到了老师傅们对文物的那种敬畏之心。干了38年的单师傅如今修复文物的时候依旧是全神贯注，不敢有一丝懈怠。老师傅们常说，修文物只能修好不能修坏。

    一张山水贴落，单嘉玖搓了三天才将托心纸揭下来。浆裱之后，画

揭画心

面又重新焕发了三百年前的光彩。

接下来单嘉玖还要对上面大大小小上百个虫蛀和磨损的破洞进行贴补。整件作品完成还要花费三个月的时间。

我曾问单老师:"你修复过的最有名、最有价值的书画是哪幅?"单老师慢条斯理地说:"对修复师来说,每幅书画都是一样的。我们之所以被称为'画医',是因为真的很像医生和病人的关系。人病了,吃什么药、打什么针,取决于病体和病情。书画病了,怎么抢救、如何修复,则取决于作品的受损状态,而不是文物等级的高低。从这个意义上讲,上到国宝级的《五牛图》,下到这样一张普通画师画的贴落,区别

单嘉玖在修复古画

其实只有修复难度的不同。"

单嘉玖告诉我们,修复文物更多凭的是良心,修复师做好了一件作品外人根本看不出手法来。而这其中却内藏门道。

她曾经修复过的最难修复的作品是一件明代的《双鹤群禽图》。这幅作品是在绢本上作画,长两米,宽近一米,画幅断裂严重,造成无数密集的小洞。

给绢本画补洞要比在宣纸画上操作复杂得多。其实在修复行业有一种方法叫整补,这样密集的小洞,也可以用整幅绢托在画作后面,一下把所有的洞都补上了,再略作调整,一周的时间就可以完成,而且凭单嘉玖的功夫可以修补得天衣无缝。

可是百年以后，今天修复师托补的这片整绢也会糟朽。当后人再打开装裱进行修复的时候就会发现，前人托裱的这幅整绢已经和古人的画作粘在一起分离不开了。这幅画就再也无法修复了。

权衡之下，单嘉玖还是选择一个洞一个洞地单个织补。

就这样，单嘉玖埋头补了四个多月，才把这几百个小洞一一补好。如今这幅作品的背面密密麻麻上千个小补条，这背后都是无数的小补洞。

单嘉玖说，修文物就是个良心活儿，传承几百年的作品不能在她手里断送掉。她要通过自己的修复让这件作品继续传下去，让子孙万代都能看到。这才是文物工作者的职责。

下了班，单嘉玖也像所有的家庭主妇一样下厨做饭。

单嘉玖的爱人是故宫古建筑修复专家。她的父亲单士元曾任故宫博物院副院长。17岁那年单士元作为"清室善后委员会"成员，进入故宫负责清点封存文物。那时候很多军阀都觊觎故宫的宝藏，乱世之中单士元用生命守护着这些文物的安全。从此直到91岁辞世，单士元一生没有离开过故宫。他曾是唯一一位工龄和院龄一样长的故宫人。"父亲一辈子最看不够的是故宫宏伟的建筑，而我成天触摸的是故宫的手卷、立轴、册页、贴落、扇面……"

单嘉玖一家两代故宫人，接触的珍贵文物无数，可是她家里却没有一件古董陈设。单嘉玖讲这是爸爸定下的家规：干文物的不玩文物。

38年，单嘉玖没有搬过家，没有换过工作。曾经有德国博物馆高薪聘请，她也拒绝了。单嘉玖一生严格遵守着父亲的教诲。社会上文物市场再火热，她也从没有染指过，30多年如一日，就在故宫这个小院落里静心修复着每一件国宝文物。

故宫博物院院藏书画作品约有 15 万件，约占世界公立博物馆收藏的中国书画总数的 1/4，其中包括单嘉玖师傅辈们修复过的张择端的《清明上河图》、顾闳中的《韩熙载夜宴图》等诸多堪称国宝的一级文物。现在这些书画当然轻易不会再修复了，但宫殿中大量原状陈列的书画都亟待修复，几代人都干不完。

还有一年单嘉玖就到了退休年龄，做了一辈子书画修复，因为老是站着，腿和膝盖都会疼，眼睛也老花了。然而，故宫的不少画医却都在退休后又被返聘回来，因为有太多的书画在等着他们修复。单嘉玖最大的心愿就是将传统的书画修复技艺完整地传给下一代，和同事一起，将完美的紫禁城完整地交给下一个 600 年。

摄影师拍摄单嘉玖的工作场景

走进"匠心"
——《大国工匠》创作体会

《一份良心百年传世——故宫书画修复师单嘉玖》,是2016年《大国工匠》第三季中的一集。前两季的精品力作为这一品牌节目赢得了良好的口碑和社会影响力。而第三季要在此基础上突破、创新,谈何容易。我们每一位编导心理压力都很大。

如果说这一季的特点,我想是,每一集从采访、拍摄到编辑都更强调"走心"。"大国工匠"个个身怀绝技,而这背后更令人钦佩的其实是他们孜孜不倦、精益求精的追求。正是这份不甘平凡的"匠心"铸就了他们的卓越。因此,这一季我们力求用镜头细腻地开掘人物的心灵世界，让一位位"大国工匠"的形象更鲜活立体、真实可感。

读懂"匠心"

故宫门前永远簇拥着熙熙攘攘的游客，然而有些不对外开放的院落却无比幽静，仿佛关着几百年的秘密。单老师就在这样一座海棠树荫遮蔽下的小院里，工作了38年。

我观察了单老师一天的生活，每天步行上班，准时准点、不紧不慢。一张百年古画就铺展在工作台上，每天单老师像蚕食一样，只修补一点点，一道工序一道工序，有条不紊，接连要干上几个星期。然后再换下一张书画，如此循环往复。

做节目最怕的就是平淡，单老师的状态恰恰是38年如一日。我问单老师，需不需要加班？每个月有没有考核任务量？单老师笑着摇摇头，告诉我："一张画我想修多久就修多久，没人敢催，着急修坏了怎么办，就是不能着急。更不需要加班，因为故宫每天六点必须锁门，不能留人。"听了单老师的介绍，我心想这可真是一份舒适安逸的工作啊。然而这样一个毫无波澜的故事该怎样讲述呢？

事物的表象就像平静的海面，往往一个精彩世界就隐藏在下面。已经做了两季《大国工匠》节目，我深知一定要找到那把发现新世界的钥匙。

打开单老师心扉的钥匙是她跟徒弟无意中说起的一句话。她在做一道关键工序的时候告诉徒弟，她现在的心情是"如履薄冰"。在这个春风和煦的午后，工作室里，还有几位年长的修复师在午休。单老师一脸安详，做着每天都做的动作。她却说心里是"如履薄冰"。

这个与环境格格不入的词，瞬间颠覆了周遭宁静的气氛，令人开悟般捕捉到了事情的真谛。

与喧嚣世界一墙之隔的这座小院无比安宁、惬意，但这里的人们绝不是超然世外、自由散漫，而是在高度专注、凝神聚气地修炼。他们知道手里这一张古画已经延续百年，历尽沧桑，是这世界上独一无二的存在。用单老师的话说他们工作时最重要的是对文物怀有一颗"敬畏"之心。

采访沿着这样的思路推进，才引出了单老师修复《双鹤群禽图》的故事。那是一次长达四个月的修复。单嘉玖本来可以采取"整补"的方式，用一张纸将那张画背面四千多个小洞一次补齐。只需要一个星期，修复出来的效果也会天衣无缝。然而她却选择一个小洞一个小洞地修补，足足花费了四个月的时间。单嘉玖说书画修复的好与坏是没办法立刻检验出来的，只能等到百年以后，人们再打开修复的时候才能看出前代修复师的手艺如何。对于这幅《双鹤群禽图》，如果她用"整补"的方式简单修复，对当下的人们来说毫无影响，但是几百年以后这张画再糟朽需要修复的时候，可能就会困难重重，甚至无法修复了。这张画可能就从此在世界上消失了。单老师说她不希望后人打开这张画的时候责怪她不负责任。

这真是不折不扣一份"良心"活儿。没人要求，甚至没法监督，全凭修复师对文物的一片"敬畏之心"，对自己的职责使命的一份责任心。

那一刻我读懂了单老师的"匠心"。38年在这座与世隔绝的小院里，没换过岗位，甚至没搬过家。外面的社会霓虹闪烁，满街都是教你如何一夜麻雀变凤凰、鲤鱼跃龙门的速成捷径。然而单嘉玖要做的却是守住一份百年的精彩。她说有时候只"上墙绷平"这一个步骤就需要一年的时间,这一年她要像母亲一样照看着画,潮湿了不行,太干了也不行。可能正是因为拥有这样纯粹的心态,单嘉玖甚至并不觉得"挣大钱"是件多么诱人的事情。守着文物、守着职责、守着宁静的日子,她就心满意足了。

不破不立的创新

做单老师这期节目的时候,已经是《大国工匠》的第三季。前两季通过精耕细作,提高了节目品质。第三季我们不想重复自己,力求打造出这一季的节目特色。

在拍摄前,负责这一季节目的总策划姜秋镝主任就定下了新的节目风格要求,在叙述方式上放弃我们新闻节目惯用的解说词,纯粹用画面语言、纪实段落和主人公自述的同期声组构成篇。这种形式上的改变并非单纯为了创新,其实也是追求节目更"走心"的呈现。主人公自述的方式实际上是转换了叙事视角,从记者的客观视角变为主人公自己的主观视角,直接与观众对话,仿佛促膝谈心,更容易拉近距离。

然而对于编导来说这意味着巨大的挑战。8分多钟的节目,可以承载大量信息,每个"大国工匠"的身世背景和专业技法都需要解释清楚,如果不依赖解说词,观众能看得懂吗?创新的道路充满未知,你可能会看到一片想象不到的新大陆,但是你也要自己蹚过每一条暗河。

没有了清晰明确的解说词,很多想表达的意思只能通过镜头语言和纪实段落表达。不是记者告诉观众而是要观众自己通过节目感受到。这大大增加了拍摄难度。

实际上我们借鉴了纪录片的拍摄手法，强化纪实感，从日常生活的点点滴滴中捕捉到那些灵动的瞬间。那一个星期，我和摄像段德文在单老师的工作室更多时候是静静地待着，眼睛却始终不离地观察着单老师的一举一动，判断我们什么时候该开机。我们改变了以往举着话筒指挥采访对象动起来的工作方式，而是像准备捕猎的豹子，不轻易干预对方，静静观察，伺机而动。

比如整个修复的过程，单老师都在给徒弟讲重点。这对我们来说是非常好的纪实素材。单老师提到了驾驭工具的感觉是"要能和工具说上话"；她告诉徒弟第一层背纸也不能浪费，这种乾隆高丽纸很珍贵，还可以在以后的修复中发挥重要作用；更在做关键步骤的时候道出了自己的心声"如履薄冰"。这些场景很日常、很自然，每个人的表现都很放松、真实，不着痕迹却让人读懂了单老师的"匠心"所在。

另外，当无法依赖解说词叙事的时候，我们就会逼迫自己想办法寻找可视化的支撑点，而这其实更接近视听语言传播的本质。

比如在表达单嘉玖一家两代故宫人，却有着"干文物的不玩文物"的家训，家中没有一件古董时，不能用解说词交代这些信息，于是我用质疑的方式来反证这一点。在镜头中，我指着单老师家中挂的一张画问她："这是不是一张古画？"单嘉玖夫妇哑然失笑，告诉我那是一件复制品。单嘉玖当时的回答和表情比任何解说词都更传神、更有说服力地反映了她清白的一生。

用"匠心"打造"走心"的节目

由于没有解说词,完全靠影像叙事,节目内容要表达清晰而节奏又不能拖沓,这对剪辑的要求很高。剪辑的过程不是简单地按稿子贴画面,而是要求对素材进行二度创作,不仅是按照主人公的外在行为逻辑剪辑,更要展现出她的心灵空间。主人公的一举手一投足、一笑一颦都在表情达意。

我平生第一次觉得剪片子好像是在练气功,要紧紧捕捉住自己最初那种鲜活的感觉,循着心灵的节奏,画面长一点或者短一点味道都不对。整个剪辑过程,我和我的剪辑师牛晓晨连续熬了90多个小时,斟酌着每一处剪辑点,不敢有半分随意处置,体力和脑力都到了极限。

功夫不负有心人,这样虐心的苦没有白受。重新剪辑编排之后就发现,节目删繁就简,减掉与主题无关的琐碎信息,腾出篇幅让那些更容易引发共鸣的情节点得以充分展示。节目叙事节奏放缓,给观众空间去细细体味主人公的内心世界。因此节目避免陷入生硬的"介绍事迹"的格局,而变成了一条真正"走心"的片子。

《大国工匠》节目已经持续了六季,对品质的追求始终没有改变过。看着单老师修补书画时专注的样子,我想我也应该找到这样的状态,去面对我的节目,沉下来,采访的每一个环节、拍摄的每一个镜头、剪辑的每一个画面,都融入自己的心血,精益求精,就会呈现出不一样的屏幕效果。

中央广播电视总台 中央电视台新闻中心记者 张芊芊

宁允展：
高铁研磨师

人物简介

宁允展，1972年3月出生，中共党员，中车青岛四方机车车辆股份有限公司车辆钳工、高级技师。从业26年来，宁允展扎根生产一线，主要从事高速动车组转向架研磨装配工作。凭借精湛的操作技能和高度的责任心，他打破国内高速动车组转向架制造瓶颈，为高铁列车的高品质制造做出突出贡献。截至2018年5月，他已创造了11年无次品的纪录，而他和他的团队研磨的转向架被装上了1300余列高速动车组，奔驰23亿多公里，相当于绕地球5万多圈。他主持的课题和发明的工装每年可为企业节约创效300多万元。宁允展曾获"全国道德模范""中国好人""全国五一劳动奖章""全国最美职工""全国职工职业道德建设标兵个人""央企楷模""山东好人之星年度十佳人物"等荣誉。

宁允展：高铁研磨师

中车青岛四方机车车辆股份有限公司高级技师宁允展

题记

  2015年7月，习近平总书记在中国中车的生产车间考察时说："高铁，中国产的列车，是中国制造的一张亮丽名片。"其中的380A型列车更是获得了美国商标专利局颁发给中国高铁的自主知识产权证书。2010年，它在京沪高铁跑出了时速486.1公里的世界第一速，之后这款车的车模也成了中国领导人在全球推介高铁产品时随身携带之物。

  这些骄人的业绩，记录了中国铁路人推动科技进步的辉煌历程，也记录了一位工匠用半生时光研磨的高超技艺。他就是中国中车青岛四方机车车辆股份有限公司车辆钳工、高级技师——宁允展。这位铁路技校毕业的青岛小哥，做梦也没想到，他会因为研磨380A型车的转向架成为中国高铁第一人。

143

大国工匠

我们似乎已经很久没有听到过"工匠"这个词了，特别是在这个新生事物层出不穷的时代，工匠似乎意味着循规蹈矩、乏善可陈。我们身边还有工匠吗？还有人想要成为一名工匠吗？答案似乎很模糊。

2010年12月3日，中国自主知识产权的CRH380A型列车在京沪高铁创造了一个世界纪录，那就是486.1公里的世界铁路运营试验最高时速。如今，它是李克强总理出访时推销中国高铁携带的唯一车模，是中国高铁一张闪亮的国际名片。

为了配合《大国工匠》的拍摄，铁路部门安排了数位可以采访的对象。当初他们都是为中国高铁列车的诞生流过汗、洒过泪的优秀技术工人，但有些当了领导，有些转做设计人员，大部分都已经不在一线，在一堆推荐材料中，中车四方的宁允展的人物简介中，有一句话吸引了记者："他是380A转向架的第一位研磨师，现在还工作在车间。"

拍摄团队来到四方股份公司，在办公室介绍情况时，宁允展显得并不从容，因为对于办公室这个环境，他太不熟悉了，从中专毕业进入车间，24年时间，就是每天在机床边摸爬滚打，很少有机会到办公室来。

宁允展给人的第一感觉是，交流有障碍，普通话极其"不普通"，但一聊到技术，你才会发现，这个人也很不普通，他身上一个最大的特点就是纯粹，是一个绝对的"技术控"！他的言语间有一种久违的质朴和真诚，这不是工匠身上特有的气质吗？

稍后，采访地点转移到了生产车间。宁允展像换了个人一样，手脚迅速像被施了魔法一样，一下子有着有落了。这个时候，他的眼神，像父亲看孩子一样，抚摸着机床上的每一件产品，尽管那些产品在普通人眼里就是些钢铁模块，但因为有宁允展在，也仿佛有了生命。

记者赶紧把自己最关心的一个技术性问题搬了出来："什么是高铁

宁允展一直奋斗在车间工作第一线

转向架？它为什么需要人工打磨？"这下子宁允展来了精神，他滔滔不绝地讲起来。他说，如果把高铁列车比作一位长跑运动员，车轮是他的脚，转向架就是他的腿，而自己研磨的定位臂就是脚踝。就像我们人一样，如果崴了脚，肯定就不能走路了，这个地方极其关键。

"下面的轮对是通过节点，跟那个定位臂插接在一起的，插进去的，然后定位臂通过螺栓固定，这个节点固定在定位臂上，它的作用是保证这个轮对紧固，不让这个轮对产生松脱现象。"

高铁列车每个转向架的重量有1.1吨，定位臂落在四个车轮的节点上，每个接触面不足10平方厘米，当列车以时速300公里运行时，接触面承受的冲击力有二三十吨。缝隙大了，车轮可能会松脱；如果完全

宁允展在研磨转向架

焊死，转向架就无法再打开，影响列车检修。这正是技术的难点所在，宁允展指着身边的转向架说，其他的工序都可以用机器加工来代替，唯有这个地方必须依靠手工，因为这道工序，不只在中国，全世界所有高铁生产线上，都要靠手工研磨。按照国际标准，留给手工的研磨空间只有0.05毫米左右，也就是相当于一根细头发丝。磨小了，转向架落不下去，磨大了，价值十几万元的主板就报废了。宁允展的同事说，宁允展的绝活也正在这里，他可以像绣花一样，把切口表面这些隐约的竖线，织成一张纹路细密、摩擦力超强的网。过去的十多年，宁允展就在这细如发丝的空间里施展着自己的绝技。他在技术上的权威和自信，也就在这里得以实现。

与得到领导的认可相比，得到同行的赞誉似乎更难一些，而同车间的工友这样评价宁允展："0.1 毫米的时候，国内大概有十几个人能干，15 个人左右，到了 0.05 毫米，别人都干不了了，目前就只有他能干，是这样的状态。"

宁允展工作的中国中车青岛四方车辆股份有限公司，100 多年前，德国人最早在这里建厂，生产的就是铁路机车。如今，中国人自己在这里造出了世界上最棒的列车，也产生了最棒的高铁工匠。

宁允展在技术上是个达人，但沟通上确实有软肋。用他徒弟的话说，师傅干活"没得说"，不干活时也"没得说"！因为不爱说话，他和第一个妻子离婚了。他对记者说："你们来这两天，我已经说了好几年的话，怎么这采访又才开始呢？你们电视台的人也不容易啊！"

没办法，记者只能和他发短信。他在短信里说，自己不喜欢说话，只想研究实际的产品。记者回复他："对于这次采访来说，实际的产品就是把你的事儿说清楚。你我之间，只是生产的产品不同，但干的都是技术活儿，只不过你用的是磨具，我用的是话筒。"话说到这里，他似乎多了一份理解和共鸣，后来就痛快地带上话筒开始和记者说话了。

其实，真正打开他话匣子的并不是那条短信，而是他六岁的女儿。女儿很活泼，特别爱说话，他说也希望自己像女儿那样，但没办法，江山易改，本性难移！记者问他，你希望女儿干你的工作吗？他说，因为是女孩，不指望了，但借着女儿的话题，他回忆起了自己的父亲。当初，在村里当过铁匠的父亲也并没指望他能学手艺，而是希望他做生意赚钱，但他最终还是听从了自己内心的声音，选择了报考铁路技校。

2010 年，是 380A 准备冲高速的关键时刻，这一年，身患白血病 7 年的父亲第三次入院，宁允展虽然意识到，和父亲在一起的时间不多了，可是他不能天天陪在父亲身边。得到父亲去世的消息，是在下班的路上。

"家里人给我打电话说,你爹走了。父亲没了,我赶快就回来了,心里很难受。父亲对我的影响比较大。"

2010年12月3日,当《新闻联播》播放"我国自主设计的380A型高速列车在京沪高铁跑出时速486.1公里"这条消息的时候,宁允展已经不能跟父亲分享了。有父母时,人生还有来处;没有了,人生就只剩下归途。男儿有泪不轻弹,只是未到伤心处。

从此,宁允展更是把所有的精力都用在了工作上,他说,前半生自己成了一名工匠,后半生会无悔地坚持下去。

宁允展说自己是傻人有傻福,赶上了高铁的时代,如果父亲生在这个时代,能比自己有更大的成绩。朴实的话语间,透露出当今时代,中国工匠身上特有的自豪感!

2006年,他被万里挑一,成为第一位向日本人学习380A型列车转向架研磨技术的中国人,宁允展对技术的掌控和精准把握,让日本专家都竖起了大拇指。对于向日本人学习,宁允展在内心里最初是有障碍的,因为家乡就是青岛,很小的时候就听老人们讲日本侵略中国的故事,虽然自己没有亲身经历,但对于日本人他内心深处是有一个小九九的,那就是不能让他们给看低了。果然,经过几个月苦心学习,日本人给他竖起了大拇指。这也是他在采访中,第一次露出灿烂的笑脸。

"当时他跟那个翻译说的,说叫我哥哥,我比他大,高手。"

不蒸馒头争口气,就是凭着这股劲,宁允展第一个拿下了380列车转向架研磨这个活,宁允展成了高铁研磨的第一把手,很快还当上了班长。可是,没过多久,他却找到领导说不想当班长,还是让我干活吧。

采访中记者问他:"之前很多生产高铁的功臣都被提拔了,你怎么还在干活?"

宁允展：高铁研磨师

宁允展在检查新装配的转向架

他说："在完成列车冲高速的任务后，我也当上了班长，但没多长时间，跟领导说不当了，重新回到一线，因为这是我擅长的。"

记者："你可以既当班长，又搞技术，不是更全面吗？"

他说："那我不成了完人了吗？"

记者："你不是吗？"

他说："我不是完人，从来不是。"

这就是我们的大国工匠，一个一念执着、匠心独具的手艺人。而他的业绩也着实让人吃惊：他是研磨高铁转向架定位臂的第一位中国人，不光是当初教他的外国专家给他竖起大拇指，现在他的徒弟们也都很服他，因为直到现在能从事这道工序的工人，全国不超过15个人，最精细的活儿，只有他自己能干。

采访工匠 遇见自己

　　采访宁允展,就像和自己对话。这种感受,源于我自己的人生经历,我和他的人生起点,有颇多相似之处。我们都是出生在农村,初中毕业那年,宁允展考了铁路中专,而那也曾经是我为找到饭碗,填报的第一个人生志愿,遗憾的是,我没能如愿。之后的20多年,我们踏上了不同的人生旅程,他在生产线上研磨火车部件,我在话筒前后推敲稿件。没有想到的是,若干年后的一个劳动节前,我们会相遇在高铁车间。

　　从宁允展身上,我读懂了一个词,叫传承。宁允展这双魔术师般的手,传承了父亲的基因。他的父亲是村里的铁匠,宁允展小时候经常跟着父亲帮乡亲们打磨家具,也因此从小就喜欢上了学手艺。初中毕业后,宁允展考上了铁路技校,从此就和列车相依为命了,因为在他的作息表里,已经分不清是在家里还是在工厂。

　　宁允展的家,距离工厂有近半个小时的车程,他和妻子都在厂里上班,但他们的交流基本都在每天上下班的路上,因为一到家,他又开始忙了。在这个30多平方米的小院里,大部分地盘都是宁允展的,这些磨具,是他自费在网上买的,不是为了别的,而是为了练手艺。一开始,妻子并不理解。

　　"一干就干到晚上八九点钟,我说你累不累啊,上了一天班,就在干这个东西,你累不累?我的爱好,我的兴趣,也都没有了,慢慢地也就接受了,也就理解他了,人和人想法不一样,你要理解他,支持他的工作,必须支持他所有的想法。"

听到这里的时候,我已经完全理解宁允展的妻子了,每一对夫妻都是天造地设的一对,在家里,没有对错,只有相互之间的包容和理解。只是,他6岁多的女儿还不能完全理解他的一切。

记者:"如果你长大了,让你干爸爸干的活儿,你愿意干吗?"

"不愿意。"

记者:"为什么呀?"

"因为我怕干活累。"

记者:"你觉得爸爸干的活儿累,是吗?"

记者:"你长大了想干什么?"

"工程师。"

我采访他女儿的时候,宁允展手摸着机器站在我们不远的地方,从镜头里,我看到了他眼里的泪花,宁允展说,他理解女儿的想法,就像当初,正是因为父亲尊重自己的选择,他才如愿考进了铁路技校。父亲希望宁允展做一个能独当一面、单位离不开的技术能手,经过20多年的努力,他做到了。

但也是因为工作,他没能在父亲离去时守在他的床边,这成了

他永远的遗憾。

"工匠就是凭实力干活,实事求是。想办法把你手里的活干好,这是你的本分,把这份手艺继续干下去。"

记者:"干到什么时候?"

"干到我干不动为止。"

采访结束后,宁允展说这是他第一次在陌生人面前落泪,而我在听完他的故事后写稿到凌晨,也是一边敲打键盘,一边泪流满面。对于一位天天跟政策和数字打交道的经济新闻记者来说,这真心是一种难得的体验!不知道,是该感谢中国高铁,还是该感谢《大国工匠》,让我有机会认识了宁允展,一位当代中国的优秀工匠,也让自己更清醒地认识自己,认识自己从事的这份职业!

《大国工匠》贵在有匠心,这匠心磨炼出了宁允展,也必将磨炼着我和我的记者同行。中国传媒大学一位博士生导师看完《新闻联播》给我发微信说:"你的节目看了两遍,很不错,有新闻性,有人情味儿,特别是小女孩那段,是对联播语态的再次突破,我已经下载,准备作为课堂教学的素材。"

一转眼,三年过去了,宁允展主持的课题和发明的工装每年可为企业节约创效300多万元。自己也获得了"全国道德模范""中国好人""全国五一劳动奖章""全国最美职工""全国职工职业道德建设标兵个人""央企楷模""山东好人之星年度十佳人物"等荣誉。

对于中央电视台来说，《大国工匠》这个品牌今天还在，一批又一批的新人加入这个团队，中国新闻奖、全国五一劳动奖状，荣誉和光环也纷至沓来。其实对于我来说，加入这个团队，拍摄这些工匠是在练活儿，也是在炼心。拍工匠，也把自己拍成了工匠，虽然由于工作的原因没能有机会参加每一季《大国工匠》的拍摄，但三季《大国工匠》的经历，足以成为我职业生涯中的一次锻造和历练。

在《大国工匠》里我遇见了自己，跟工匠对话，也跟自己对话，我是谁，从哪里来，到哪里去？新闻是什么？怎么去挖掘？如何去创新？旧的问号打开了，新的挑战又来临。但我坚信，在经过了这一番的实践与思考，在媒体融合的新时代到来之时，因为做过《大国工匠》，我们可以更加坚定自信地前行，不驰于空想、不骛于虚声，知行合一，做新时代新闻界的奋斗者、实干家！

中央广播电视总台 中央电视台新闻中心记者 郑连凯

朱文立：
用匠心致敬经典的汝瓷大师

人物简介

朱文立，生于1946年，河南汝州人，国家级非物质文化遗产代表性传承人，中国陶瓷艺术大师，国务院"政府特殊津贴获得者"，中国古陶瓷研究会会员。

朱文立自1976年以来，一直从事汝瓷研制工作。1987年研制成功了汝窑天青釉，1988年6月通过了轻工部鉴定，填补了我国"汝窑"这项空白，使断代几百年的汝官瓷重现于世，并载入《1990年中国技术成果大全》；1993年主持完成了省科委下达的"宝丰清凉寺汝官瓷的仿制"攻关项目，并通过了省科委的鉴定。1994年荣获"联合国技术信息促进系统"颁发的"发明创新科技之星"奖。1998年8月获"首届中国国际民间艺术博览会"金奖，被平顶山市委、市政府授予"平顶山市专业技术拔尖人才"称号。多次应邀参加"国际古陶瓷科学技术讨论会"，发表论文120多篇，被誉为"青瓷第一人"。

陶瓷艺术大师朱文立

题记

　　曾经为中国"五大名瓷"之首的汝瓷，800多年前随着战乱配方失传，而至今存世的古代汝瓷仅有65件。陶瓷大师朱文立呕心沥血，先后研制近400个配方，从中寻找破解千古之谜的答案。他夜以继日，枕戈待旦，守候在1000多度高温的窑炉前，期待着梦中的天青，1000多次试验，1000多次等待和失望，1000多次砸毁瓷器，他从未放弃，五年时间朱文立终于创造奇迹，让汝瓷重现于世，成为"汝瓷第一人"，这个消息震惊业界。尽管如此，但朱文立从未停歇，他认为自己和古人仍有差距，他毕生潜心钻研，寻找最后的一味配方，到现在为止，70多岁的朱文立已经钻研了40多年，他说他要用一生去坚持和等待。

　　工匠自有向行业经典致敬的方式，那就是，揣摩研习，使技艺臻于化境。朱文立也在以自己的方式向陶瓷经典致敬。

　　每一个瓷器，不管是什么形状、型号，朱文立都坚持亲自手拉坯，今天，朱文立正准备给新一批拉好的瓷坯上釉，这是添加了十多种矿物质的釉水，颜色看似卡其色，上釉前首先得把它搅拌均匀，然后朱文立用勺子把釉水倒进瓶子里，用手摇晃均匀，再把釉水按360度旋转的方式倒尽，然后用手指握住瓶底，快速把瓷胚放进釉水里，迅速拿出来。

　　朱文立独家研制的上釉技巧，分为前后两次，第一次浸入釉水之后，等它半干即拿上来，要保持一定湿度，不能太干了，否则在第二次下去时，它的表面就会起泡，过干浸釉保证不了它的质量。

　　每一个瓷坯被上釉之后，朱文立便要开始给它们"化妆"，即修釉，就是在浸釉过程中釉色分布不均匀或有些地方没有浸上釉，没有浸上的，朱文立用毛笔蘸上釉水将它们修补，分布不均匀的，就得用刀具将它们修理平整。

　　汝瓷创烧于唐朝中期，盛名于北宋，是"五大名瓷"之首，因汝州而得名。800年前随着宋金之战汝官窑毁灭，匠人技艺流失，配方成谜，现今存世的古代汝瓷，仅有65件。800多年来，无数陶瓷工匠付出一生来复烧汝瓷，均以失败告终。

　　试烧汝瓷成了对后世陶瓷工匠们的终极挑战。朱文立便是接受这终极挑战的其中一员。

　　朱文立的又一窑试烧开始了。他把"化妆"好的瓷坯在窑膛中精心地分三层摆放，准确把握相互间距，瓷坯烧制过程中所处的位置和受热程度不同，效果也会随之变化，摆放的同时放入"火照"。

　　朱文立总结的经验就是，火照升一段温度停一段，拿出来看看，停

烧窑过程中的瓷器

一段拿出来看看,就是每一阶段要取出一个,再阶段性地观察窑变。

火照也叫"火标",是窑内温度和坯件火候的验证物。它的形状呈不规则的圆形,中间有个小孔,是供烧制过程挑出检查专用,每一窑试烧,朱文立一般在观火口处放入16个火照,然后紧闭气窑的门,接着在窑下点火,窑内燃起了熊熊烈火,烧制正式开始。

汝瓷烧制过程分为12个阶段,每个阶段的瓷器色彩都有变化。在烧制的整整8个小时里,朱文立都守在窑边,按时拿出观火口处的砖,探头观察窑内火照。整个过程的掌控依据就是经验的体悟,运用之妙,存乎一心。

每隔一段时间,朱文立就会用细杆从观火口处伸入窑内,挑出一个火照,待它冷却后观察其釉色变化,火照冷却的速度极快,大概在挑出来后几秒钟就会迅速冷却,与其他瓷器不同的是,汝瓷在停火之后,其豆青的釉色,会随温度的逐步降低,而在半小时内发生不断变化,16个火照依次被朱文立挑出来,按出来的时间顺序排列在一块儿,就能很清楚地看出其色彩的变化,在温度1110度和温度1070度的时候挑出,其颜色都是豆绿色,直到最后一个温度1050度挑出的时候,色彩才会由豆绿色逐步变成天青色,也就是说直到最后一刻,工匠才得以确认它是否变成了汝瓷独有的天青色。

汝瓷在窑中的颜色变幻是最为神奇的"窑变"。宋代的那些工匠如何能够让"终极窑变"停留在最完美的天青色状态呢?这样的大匠神技就是朱文立一直想要找到的。

大量烧制使朱文立发现了其他任何人都不知道的秘密:任何瓷器的烧制都是化学变化,就是一次窑变,唯独汝瓷是二次窑变,它这二次窑变历史上没有记载。

烧好的瓷器在停火之后，大约经过8个小时才能完全冷却，冷却后方可打开气窑。气窑开启，瓷器被缓缓拉出，我们能听到一阵清脆的滴滴嗒嗒的声音，这是汝瓷的开片声。开片是瓷器釉面的一种自然开裂现象，开片原因分为两方面，一是成型时坯泥沿一定方向延伸，影响了分子的排列；二是坯、釉膨胀系数不同，焙烧后冷却时釉层收缩率大，汝瓷因为开片而独具特点，开片分布在釉层中呈不规则小细纹，每一只瓷器的开片都大不相同，开片的声音大约一直会持续10多分钟。朱文立随手拿起烧好的瓷器，戴上眼镜，细心观察，方能看出手中的瓷器烧制是否成功。

1987年，朱文立的一次烧制中竟然有多件瓷器出现了汝窑的天青色。

这种天青貌似单色，不尚华彩，其实品格高贵，韵质丰富。其青似青非青，似蓝非蓝，醒目浴心，却难以言宣。更妙的是，不同光照和角度会唤起色泽的变幻表达。在明媚的阳光下，那温柔朗润的天青中就会淡然泛出莹莹的嫩黄。如果用放大镜观察，釉层中可见稀疏的气泡，有如初秋碧空中的晨星寥落，朗而不寒，丽而不媚。汝瓷就凭自己的素雅高洁，天生丽质，成为不可超越的瓷中极品，土火凝华的匠艺经典。

朱文立说，天青色就是下雨过后天与地交界处的蔚蓝天色。

朱文立使绝迹800年的珍品瓷重现于世。这是震惊业界的奇迹。朱文立也因为做出名器而成为一方名匠。

朱文立的"神话"故事得从20世纪80年代初说起，那时，轻工部下达"汝瓷天青釉的研究"项目，包括朱文立在内的汝瓷厂技术人员众志成城投入紧张研究，热情最终被现实击败，原计划半年拿下，却两年没能成功，实验组就此解散，倍感失望的朱文立决定重新振作，他独自研究，痴迷汝瓷就像"走火入魔"一般，自己掏腰包在家里没日没夜地

朱文立在观察汝瓷

研究。两年过去,他依旧没有烧出天青瓷,他又气馁又失落,想就此放弃。

绝望之时,朱文立看见一本书中记录了一则神话,传说柴世宗下圣旨建造柴窑,有两任瓷器官没烧成天青色都被斩了,第三任瓷器官烧了两窑,再烧一窑不成就要被斩,回家后闷闷不乐,他7岁的女儿就问:"爹,为什么你闷闷不乐?"瓷器官说了事情始末。女儿又问:"怎么能烧成天青色?"瓷器官说:"用生人跳入即可,就是拿活人祭窑。我作为瓷器官,每烧一窑害一个百姓,我于心不忍。"到烧第三窑时,瓷器官的女儿趁人不备,跳入窑中,窑气崩裂,一片光怪陆离,片瓦值千金,有的被拿来做头盔,有的做护心镜。

虽然只是传说,朱文立却看到了希望,他分析这个传说有没科学的一面,如果人跳到窑中烧了以后只有骨头,只剩骨头,其他都没有了,那么,骨头的成分是磷和钙,是不是磷和钙起到了关键的作用。朱文立就拿各种骨头烧,各种方法烧,然后骨头烧完都是白色的,都不会有天青色。他又尝试把骨头烧完往釉里兑,一两、二两……无论兑多少都呈现不了天青色,仍以失败告终。

接二连三的失败让朱文立备受折磨,他每每想到放弃的时候,却总有一股莫名的力量在背后支撑他,朱文立从"烧骨头"的过程中吸取教训,又配了 328 个配方进行反复试验,他屡战屡败,屡败屡战,到最后一个配方了,装好窑后一共烧了两天三夜。20 世纪 80 年代的小土窑,温度很高,高温时添两次火就得喝一杯水,打开笼门以后有 1000 多度,腿两边都烫出燎泡来。朱文立一直没睡觉,守着窑炉坚持自己烧。本以为这次要大功告成了,可烧到瓷化以后,火照挑出一看仍是绿色,他彻底泄气了,回家倒头睡了几天。起床就想把整窑瓷器给砸了,一开窑,瓷器基本上都是豆青色,却奇迹般出现四件天青色。朱文立虽然百思不得其解,但却欣喜若狂。

然而在接下来的岁月里,那让他梦寐以求的天青色再也没有大面积地出现于自己的窑膛中。将近 40 年过去了,朱文立烧制的汝瓷有几十万件,但是真正呈现完美天青色的精美汝瓷仅有几十件。他烧制的汝瓷各式各样,有荷花碗、三牲樽、玉壶春、贯耳瓶等几十种样式。朱文立判定一件瓷器是否精品,需要用放大镜仔细观察它的瑕疵,稍有一点瑕疵，比如器物釉色不均、变形就不能算是一等品，一窑难得精品一件，合格率低至万分之一是常有的事。

在外人眼中，70多岁的朱文立已经是当之无愧的汝瓷大师，而在他自己看来，几十年里那几十件天青色瓷器的出现只是些偶然。烧制汝瓷的真正秘诀，他还没有掌握。从第一次成功烧制出天青瓷到现在已经30多年，他反复烧的窑数不胜数，但似乎一直都在原地打转。

真正的工匠从不自欺，更不会欺世盗名。

不合格的瓷器，出窑的时候就被他当场砸碎，这是朱文立已经数不清第几次砸窑了。一个月的时间里，朱文立烧制了5窑，共200多件汝瓷，统统砸碎，无一件保留，每块碎片，都凝聚着朱文立的心血，这是走向完美的代价。

在哪里才能找到那保证每一窑都能够成功的古法呢？

朱文立骑着一辆28自行车，背着一个帆布包，每天都穿梭在汝州的大街小巷，自行车伴随朱文立走过30多个春秋，20世纪70年代末，朱文立买了第一辆自行车，上山下工地，到现在前后骑坏了12辆，时代变了，朱文立却没有变。

朱文立所在的汝州是宋代官窑的主要生产地，曾出现过汝官窑、北宋官窑等。作为瓷都，汝州的商铺里摆放着许多贴着"汝瓷"标签的产品。但这些用化学颜料调配出来的产品，在朱文立眼中就是纯粹的"冒牌货"。即使是他精选出的成功作品，与宋汝瓷也还有差别。

朱文立认为，汝瓷的奥秘就在地下，一定还藏在古窑洞里。如今北宋的遗迹早已经沉埋地下，翻腾土层的建筑工地成了他的瞩目之处，他个人没有能力到处去搞地下发掘。于是，只要有新开工的建筑工地挖出碎瓷片，无论打雷闪电，还是刮风下雨，朱文立准会闻风而至。往往一

朱文立砸瓷

天之内，朱文立就能骑车去好几个建筑工地，带着他的标配三件套：叉子、铲子、刷子，一步一个脚印地去刨土挖掘，他把挖出来的每一块碎片，哪怕只是微小一块，都不放过，刷干净全部装进帆布袋里。

40个春秋，朱文立跑了无数个建筑工地，发现了十多个古窑址，但是都没有找到那个失落了800年的吉光片羽。青春已逝，痴心未改。许多汝州人都知道这位"瓷痴"。

在建筑工地挖掘的碎瓷片，朱文立都会拿回自己的工作室，翻阅大量的古书，用放大镜从细微之处观察每块瓷片的特点，他每天大量的时间都会在这里静静研究瓷片，无论是民窑还是官窑，无论产于哪个朝代，

朱文立拉坯

无论是哪家出的瓷器，他看一眼便心中有数，并且分析得头头是道，唯有瓷器能让他静心研究几十年如一日。听朱文立说，汝瓷名贵其实是名贵在釉色上，它用现在科技暂时破解不了。

经过长期摸索和大量的对比研究，朱文立得出了一个结论：最大的问题可能是出在配釉上。但即便这个结论正确也是于事无补的，因为汝瓷的釉料配方早已经与汝瓷一同失传了。釉料决定了汝瓷的颜色是否纯正，其釉料由几十种不同的矿石配制而成，其配方令后人即使实验数十万次，也难以精准把握。

朱文立的配釉实验室桌上摆放着十几个碗，里面分别装的是各种矿石磨成的粉末，每次配釉的时候，他都会称每种矿石的用量，这不能有丝毫偏差，因为即便是一丝偏差，配出来的效果都是失败的，在这个实验室里，他反复实验上万次，希望能通过概率碰对那个失传800年的配方，但是这显然没有成功，他认定，自己与宋瓷有稍微的不同，只因为一味配方，这是什么配方？为了它，朱文立苦苦找寻至今，他每一天都在思考同一个问题，配方在哪里？

朱文立认为，汝州是汝瓷的唯一产地，交通不便的古代窑场都是就地取料。那么，汝瓷釉料所用的矿石只会在汝州的山里。

从产生这个念头开始，朱文立每隔三天都会进一趟山，远的地方骑着自行车去，近的地方走路去。他左肩背着帆布包，右手拿着小铁锤，一个人独自走在汝州的大山中，用镰刀开路，披荆斩棘，寻寻觅觅，敲敲打打。这些年他路过麦田、经过小溪、翻过大山、越过森林，所到之处都要停下来采矿石敲碎研究颜色和质感。

每次上山采矿，天亮出门前在帆布包里放上三个白面馒头和一瓶开水，到了中午在山上随便找个地方坐下，馒头就开水，吃完又继续寻找

矿石，天黑才到家，春夏秋冬，周而复始，希望而来失望而归，他走遍了汝州的每一座山。

从独自一人到带着两个女儿来山里，他寻矿从来没有间断过。两个女儿都是朱文立汝瓷技艺的继承人，在不断找寻矿石的过程中，他们总会有很多新发现。找到的矿石能不能做釉料，只有经过火的洗礼才能知晓。朱文立到家后把矿石丢进窑里，与瓷坯一起，在大火中燃烧起来，这一次会不会浴火重生？奇迹会不会降临在他的身上？

又是一个出窑的日子，这一次已经连着烧了三天两夜了，疲惫的朱文立如往常一样去查看。他拿起瓷器一件接着一件摔碎，这里的每件瓷器似乎都听到了呼唤的声音，蠢蠢欲动。朱文立觉得成功离自己很近，但却又那么遥不可及，一种难以言喻的紧迫感时刻在督促着古稀之年的朱文立。

他又一次来到汝官窑遗址的窑底，这个遗址是他1999年在建筑工地发现的，那是他认为幸运之神对他最慷慨的一刻，也是他离古代大匠最近，甚至触手可及的一次。窑址被发现之后，便被当地人保护了起来，窑址有五个坑，两个大坑，三个小坑，土里还隐约闪着碎瓷片的光芒。

从那以后，每次重要的实验和烧制之前，每次有所犹豫动摇的时候，他都会来到这里，伏身紧贴窑底，静静地听着那些古代的声音。他觉得，总有一天，他和那些古代工匠们能互相听到对方的心声。朱文立这一生一直都在坚持和等待，并且不断地追求，不断地寻找，希望哪一天一睁眼，一开窑，这个奇迹就会出现在眼前。

朱文立就是这样循环往复过此一生。古往今来，工匠或许都是这种坚持寻觅和善于发现的人，哪怕寻觅之路太长，发现之处太难，都不能阻止他们的努力。

朱文立：用匠心致敬经典的汝瓷大师

朱文立在补坯

锲而不舍的匠人　如痴如醉的匠心

初次见到朱文立是 2016 年 4 月 29 日的第一次前期采访,在朱氏汝瓷的展品会客厅里。朱文立衣着朴素,说着一口纯正的汝州话,我有些听不懂,所以在交谈过程中,我更多的是注意他的表情和行动。在三个小时的交流中,朱文立手中除了拿着汝瓷碎片就是拿着关于瓷器的书籍,他神情特别专注、严肃,我感受到了他对汝瓷的那种"爱",用痴狂来形容一点也不为过。大概是听习惯了,半天下来,我渐渐地能听懂朱文立的汝州话了。我印象最深刻的是,只要和朱文立聊天,无论聊什么话题,最终他还是会绕回汝瓷上,每句话都和汝瓷有关。俗话说"三句话不离老本行",我觉得朱文立是"句句不离老本行",说起汝瓷的时候如滔滔江水,连绵不绝,好像他的生命中除了汝瓷,再无其他。

朱文立是汝瓷第一人。民间一直流传一句话:纵有家财万贯,不如汝瓷一片。理论上来说,朱文立应该是一个特别富有的人,因为他可以自己烧制汝瓷,然后不断地卖掉赚钱。但事实上,我看到的朱文立并不富有,因为到现在为止,他的厂房是租的,而且是 20 世纪 90 年代老房子,基本上没有装修,很简单的布置,他每天就在这个老房子里烧窑,一烧就是几十年,他的窑炉也是特别破旧,据说也用了几十年没更换,但烧出来的汝瓷却比他大女儿朱钰峰的新窑炉烧出来的要好,可见技艺非凡。朱钰峰也有自己的烧窑厂房,房子也是租的,装修格调与汝瓷比较匹配,几次三番,她要给父亲重新装修厂房，但是朱文立坚持不要，他说："我靠的不是门面工程，而是技艺。"

在朱文立的老厂房院子里，我看见一个瓷冢，这是专门埋葬碎瓷片的地方。朱文立是一个真正的匠人，他永远做不了商人。朱文立和我说，汝瓷就好像他的命，什么都可以抛弃，唯独不能抛弃汝瓷。他对汝瓷的痴迷胜过一切，他的原则就是呈现完美无瑕的汝瓷给大家看，有瑕疵的汝瓷他都会砸掉。我们在拍摄的过程中，亲眼目睹他一共砸了6窑汝瓷，大约200多件。当时听说汝州很多工厂都会把自己烧制的窑整窑卖出去，叫作包窑，包窑的意思是不管这个窑里出来的是精品还是次品，就整窑打包卖给别人。像朱文立烧的这种品质的汝瓷包一窑至少是10万元，但他从来不包出去，不会让次品流到市场上。即便是他烧出来的精品，他也不会轻易卖掉，除非是十分拮据的时候，为了筹集下一窑的本钱，为了生活，他才会卖出去少部分。

我开拍的第一天，印象很深刻。那天我们拍的是朱文立上山找矿石，所有的山上镜头都集中在一天拍摄完毕。为了拍出更好的效果，我提前和朱文立打招呼说今天我们要爬四座山，如果您觉得太累，我们中途可以休息会儿。我当时比较担心，这么高强度的体力运动，70岁的朱文立能坚持多久？摄影师听说让一个70岁老人一天爬四座山，连说是不可能的，他说他都爬不动，更别说70岁的老人了。可是万万没想到，在我们上山的8人中，走得最快、体力和状态最好的却是朱文立，一天的时间，他完全没有休息，边找矿石边爬山边配合拍摄，简直是不亦乐乎。

事实证明,朱文立爬山的体力是他几十年坚持隔三差五上山找矿石锻炼出来的。他每天都穿布鞋,是为他随时上山下工地做准备。即便是午餐时间,他也是快速吃完,然后继续研究他的瓷器,他从来不和任何人闲聊,也从来不浪费时间在别的地方。

以前看汝瓷,因为自己不熟悉,总觉得这是一种单色瓷,并不觉得它会这么难烧。接触了之后才知道,越是单色越容易看出瑕疵,釉层里哪怕是出现一个气泡都会特别明显,只要有明显的瑕疵,那就不是精品了,所以朱文立烧了几十年汝瓷才烧出几十件精品。汝瓷天青色,要靠观察火照才能知道窑内釉色的变化,拍摄的时候我看见朱文立最后一个挑出来的火照冷却后是豆绿色的,但是一眨眼的工夫颜色就明显变了,相比之前蓝了许多,但不是天青色的蓝。我心里嘀咕,这能变天青色吗?得等多长时间?第二天一早,大约离昨天出窑的时间间隔12个小时左右,那个最后的火照竟然真的变成了天青色,我亲自见证了天青色蜕变的过程,这是最为神奇的窑变。

在我看来,朱文立身上有一种非常可贵的品质。像他这样一个得到中国和外国专家学者认可的大工匠,敢于不断否定和怀疑自己的研究,一次又一次推翻被公认的成果。在这条路上他从来没有停歇,他穷尽一生去探究前人的足迹,他一直认为他烧制的天青色和宋代的天青色略有不同。我在知道了朱文立的这个观点之后,特意把他烧制的天青色瓷片与宋代的天青色瓷片做了细致入微的比较,确实有所差别。宋代的汝瓷瓷胎比较薄,不管是什么瓷器,都比现在的汝瓷薄得多。但是我认为最主要是颜色上的差别,宋瓷的釉既透又蓝,这种蓝我在现实生活中从来没有见过,这是让人心旷神怡的蓝,这才是真正的天青色。

朱文立说:"有一位作家专程来汝州找我,他说夜深写作疲倦的时候拿起汝瓷对着光欣赏,心慢慢会变得清澈平静,你们也可以试试,真有这种功能。当我们凝神看瓷的时候,瓷也在看我们。"任何时候,任何场所,面对任何人,他都会为汝瓷打"广告"。朱文立,这位对汝瓷爱到痴迷的老人,用窑火烧瓷,用心灵烧瓷,与汝瓷几十年的相依相伴,瓷器中都有了他锲而不舍的灵魂。

纪录片导演 杨景

张冬梅：
药丸三克 责任千斤

人物简介

　　张冬梅，同仁堂首席技师，全国劳动模范、同仁堂安宫牛黄丸"非遗"项目传承人。17 岁进入同仁堂制药厂，一直到退休，30 多年如一日，身体力行"炮制虽繁必不敢省人工，品味虽贵必不敢减物力"的医药古训。安宫牛黄丸是同仁堂的拳头产品，这味有着 200 多年历史的中成药，是我国传统药物中著名的急症用药，也是百姓心中的"救命药"。如今，负责扛起传承这份国家非物质文化遗产大旗的，就是北京同仁堂及其"安牛班"班长张冬梅。在同仁堂亦庄生产基地传统工艺展示线上，张冬梅和她带领的 26 人团队，每年要向来自世界各地七八十个国家和地区的上万名中外宾客，展示手工制作安宫牛黄丸的特殊技艺。

同仁堂首席技师张冬梅

题记

从接母亲的班进入同仁堂,一直工作到退休。30多年,对于一个人来说很长也很短。30多年,张冬梅秉承"炮制虽繁必不敢省人工,品味虽贵必不敢减物力"的医药古训,干着同一件事,制药丸——研配、合坨、制丸、内包、蘸蜡、打戳、外包……看似简单,但手艺的习得,远没有想象的那么简单。

有一颗小药丸，它被奉为救命"神药"；它只有三克，却贵比黄金。这颗有着213年历史的药丸，时至今日，依然沿袭手工制丸技艺。它就是位列中药"温病三宝"之首的安宫牛黄丸。

如果你以为它仅是药材好，那就错了。它包含了数道工序：研配、合坨、制丸、内包、蘸蜡、打戳……要求搓出来的药丸圆、光、亮，滋润细腻，色泽一致，重量更是要分毫不差，必须3克。

制作这颗神奇药丸的就是今天我们要来认识的"大国工匠"张冬梅。全部采用手工制药，能做到如此精准，不得不让人叹服！

"你了解了张冬梅师傅的工作作风，就一点也不惊奇了。"和张冬梅同事20多年的"安牛班"副班长郭凤华说。

梁博伟，一位从英国学成归来的"海归"硕士，3年前进厂，张冬梅担任他的师傅。一上班，他就被张师傅工作时的较真劲儿征服了：工作作风比我的科研导师还严谨。进入安宫牛黄丸生产车间之前，要换两次衣服洗三次手。张冬梅把这个洗手分解为18个动作，湿手、洗指缝、检查手指甲、清洗手腕……一个动作都不能省，最后还要擦一遍酒精消毒。

"不仅这样，张师傅还让师傅们在旁边监督我们，生怕我们这些新员工落下一个步骤。"梁博伟笑着说。

一个小小的洗手动作，何至于这么大费周折？

"安宫牛黄丸采用牛黄、朱砂、麝香、珍珠等11味药材配制而成，生产制作安宫牛黄丸的一个首要标准就是'净料投料'，所有的药材和生产环节都达到洁净标准，才能彻底保证制成药品的质量和疗效。比如说，麝香中残留的动物毛发必须凭经验和责任心一根一根挑拣干净，一丝毛发也不能留下。安宫牛黄丸可是咱们老百姓的'救命药'，不能有

张冬梅（右二）年轻时与同事的合影

丝毫差池。"张冬梅娓娓道来。

为了使这味百姓的"救命药"成为"放心药"，张冬梅严把质量关。她提出"产品质量是生产出来的，不是检验出来的"，要求班组职工以生产"百分百合格的高品质产品"为使命，以"尽善尽美、全力以赴"为工作准绳，在日常工作中关注每一个操作细节，规范每一个生产动作。她在班组里推出了班级抽查、组内巡查和个人自查的"三级检查"办法，只要发现问题，每个人都可以行使"质检员"的职责，确保了安宫牛黄丸每一个生产环节的质量都处在严格的管控中。自 2004 年"安牛班"成立以来，张冬梅带领她的"安牛班"生产制作安宫牛黄丸每年平均达百万枚，合格率是 100%。

张冬梅，17 岁就进入同仁堂，现在是同仁堂首席技师，安宫牛黄丸唯一的非遗传人。手工搓丸一次成型率可以达到百分之百。然而，刚进厂当学徒的时候，她可没有这么牛。

张冬梅说："刚开始我只能'打条'，根本搓不出丸，怎么试也不行。"

"打条"是手工制丸的关键步骤，要求粗细均匀，长短合适，有点像包饺子，条打不好会直接影响搓丸的速度和质量，就这么一个看似简单的工序，张冬梅就练了一年多。

张冬梅笑着回忆说，"我打出来的条都不是很满意，后来就天天回家搓面去 ，那阵子我们家天天吃面条。"

"越难干，我越得练。"在过了打条关之后，张冬梅有机会开始学习最关键的搓丸。

"一开始自己我还不敢，有点害怕，怕自己搓不好影响工作进度，后来别的师傅搓丸的时候，我就在旁边称重差，斜眼偷瞧，看人家怎么搓的。天天去搓，天天练，后来终于干了一段，让我上手了。最高的时候同时搓过 8 根。"

由于搓丸对力道的要求极高，张冬梅每天都要重复一个动作：胳膊端着，腰得挺直，这一天下来，腰酸背疼成了常态。一段高强度的工作之后，张冬梅得了很严重的腰椎间盘突出，每天进车间前的第一件事就是吃药。"有骨科的药，有止疼的，看大夫也没什么招。"

除了搓丸之外，在裹金、蘸蜡、打戳等环节也全都是手工，厂子里几年前买了台机器来搓丸，但即便这样，还是脱离不了手工。张冬梅说，手工打造的就是高品质的丸药。机器搓不出来的部分，就要用手工搓板来搓，必须学会。

安宫牛黄丸是清代温病大家吴瑭创制的，主治高热昏迷、中风、脑出血等急重症，在同仁堂十大名药中，安宫牛黄丸位列首位。它内含牛黄、牛角粉、麝香、珍珠、黄连等十一味中药，将碾好的药粉按照一定的比例研配，就可以制丸了，这个过程是同仁堂秘不示人的高度机密，由于要用麝香开窍，所以安宫牛黄丸必须使用天然麝香，而这味中药是张冬梅最头疼的。

张冬梅介绍，麝香里面一些细微的绒毛要用手拿出来，不可能机器替代，既繁琐，又特别没意思。"拿毛"这道工序，本身没有质量标准要求，拿多少，拿到什么程度，凭的都是药师心里的那杆秤。

张冬梅说的"心里那杆秤"也是她对徒弟的要求。张冬梅的徒弟张娜对此颇有感受："我记得我第一次拿毛的时候，拿了7遍，但到师傅那边验的时候，还是不行，给我打回来了，我当时的心里特别沉重。后来师傅说，这毛你拿不干净，没人知道，但是凭着良心去做救命药，这是咱药师一代代言传身教的规矩。"

精益求精，一丝不苟，张冬梅对徒弟的良苦用心也是来自她师傅的口传心授。张冬梅回忆起以前的日子，仍对师傅的教诲念念不忘："我和师傅一块儿，我俩一人一个大瓷盆，坐马扎上，过了得有六七遍。我说，师傅，行了吧？师傅说，不行，早着呢，你这且得拿呢。哎哟，我说这还不行啊，太烦了，我就扔一边了，我走了，我不干了，您自己拿吧。人家也不说话，我师傅拿完自己那部分，又开始弄我这个。我看师傅岁数也挺大了，坐一小马扎上，吭哧吭哧一点一点一点过，看着我又怪心疼师傅。我说，得了，师傅，我接着来吧。后来我师傅说，你行吗？你还能干得下去吗？"

张冬梅在同仁堂药店与顾客交谈

这件事,让张冬梅深深地感受到了同仁堂的古训"修合无人见,存心有天知",也更让她认识到了身上那份沉甸甸的责任!

回顾自己的职业生涯,张冬梅就干了一件事,她说:"这辈子就干一蜜丸,一直30多年干的就是大蜜丸的生产,就干一件事,干好了就行。我母亲也是在同仁堂工作,从小我就跟着我母亲一块儿上班了,我还跟我母亲说,您看您让我接这班,我接了您的班多好,也没给您丢脸。"

在北京大栅栏的同仁堂老药铺,张冬梅遇到了来买药的各地顾客,一位北京顾客和张冬梅说,辛苦您了,救命的药,这是我朋友在南京专门让我过来买的。

在知道张冬梅是安宫牛黄丸的技艺传承人后,一位年迈的台湾顾客

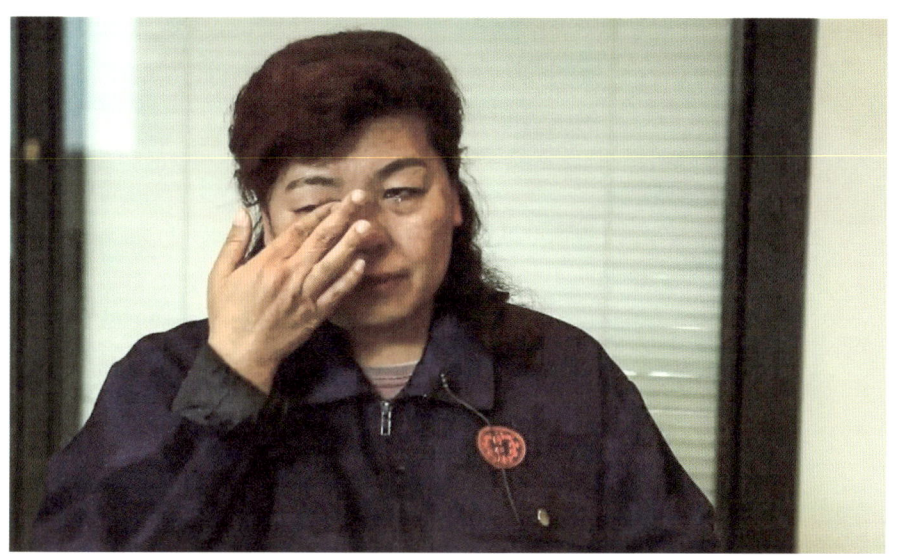

张冬梅激动落泪

抱拳向张冬梅说:"佩服佩服,传统的中药老方子就得靠你们传承下去啊。"

听了这些话,张冬梅眼含热泪,这是对中华医药的肯定,也是对她本人的肯定,这份坚持值得!

在张冬梅看来,这都是她"该做的"分内之事:"有时候半夜突然就醒了,就想,这个药加没加,那个药加没加,这一宿就别睡了。干好我手上的活,我保质保量完成,不出任何错误,我就很知足了,说句大白话,就是为了睡个安稳觉。"

34年,张冬梅只做了制药丸一件事,但是凭着34年的坚守,她也延续着中华药师传承千年的匠心。

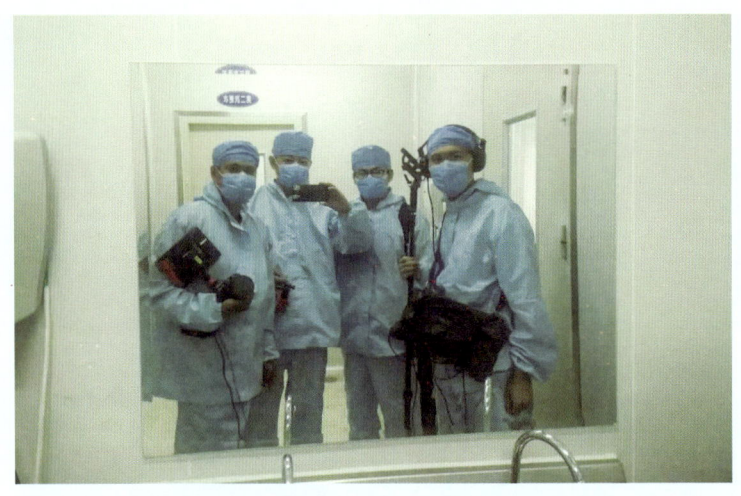

采访团队"全副武装"进入安宫牛黄丸生产车间

张冬梅：爱笑的胖大姐

制作《大国工匠》张冬梅这期节目已经是 2016 年的事了，尽管时间已经渐渐久远，但一看到张冬梅这个名字，眼前就总是浮现出那个特别爱笑的胖大姐形象。

安宫牛黄丸被誉为北京同仁堂的"温病三宝"之首，有"救急症于即时，挽垂危于顷刻"的美誉。安宫牛黄丸，在人们心目中一直披着神秘的面纱，张冬梅的工作给人的感觉也是如此。

第一次来到同仁堂制药厂，张冬梅说，可能是她平时爱絮叨，所以徒弟们都管她叫张妈妈，说完笑得一脸幸福。

刚开始采访的时候，车间这个门可真不好进。这是一间对卫生有着极其严格要求的厂房，进车间需要经过洗手、穿无菌服、消毒等多道工序。这里的洗手可不是一般印象中的洗手，洗手池有好几个，每个洗手池有不同的功能，需要全部清洗一遍，才算合格。然后穿无菌服、消毒，包括我们拍摄用的机器设备，也经过了反复多次的消毒，才能进入制药车间的门。一进门，张冬梅就自顾一路小跑儿，为了拍摄画面，我们的摄像只能一遍一遍地提醒她，走慢点，走慢点。她不好意思地说："我进车间小跑儿惯了……"爽朗，是张冬梅给我们的第一印象。

1982年张冬梅接替母亲的班，来到北京同仁堂股份有限公司工作，一干就是30多年。30多年来，张冬梅没有离开过生产线，从中成药大蜜丸研配、合坨、制丸到手工搓丸，她练就了细微的辨别力和过硬的手艺。安宫牛黄丸的制作有着非常复杂的程序，每道程序都有极其严格的标准。

尽管是传统方法生产，但张冬梅带领的"安牛班"的产量仍相当可观，仅亦庄分厂每年就能达到百万丸。如此大的产量，同时要求纯手工方法生产，对只有二十几人的班组来说是巨大的挑战。

"安牛班"班长张冬梅说，过去生产安宫牛黄丸采用"流水线"式的生产方式——研配、合坨、裹金、包装，每个岗位都有专人负责。现在在"流水线"分工基础上，又实施了轮岗制，在保证各岗位基本人手的前提下，增加工作人员。比如说，原来裹金环节需要两名工人，轮岗制的工作方式下，可适当增加人手，当裹金环节完成后，这些机动增加的人手就被安排到下一个工作环节……以前由几人负责的工作，变为多名成员一起完成，在单位时间内的产量一下就提高了。

在流水线上,一块流传了上百年的木制模具,仍在搓丸环节中不可或缺。模具上面刻有整排的圆坑,由于常年接触药丸,模具散发着浓郁的药香。

药工们把事先准备好的中药条放在模具里,再压上一块小木板,双手按住木板轻轻一推,20多颗黑色小药丸就从模具里滚落出来。"最关键的就是这个推的力度,那得千锤百炼,全靠手上的感觉。"张冬梅说,搓好的药丸在旁边一一过秤,确保药丸都是标准的3克。国标规定误差控制在正负0.21克,而同仁堂的标准要远远严于这个数值,"药工们手上拿捏的'准星儿'没的说!"

搓好的药丸要包裹一层金箔。金子也是安宫牛黄丸里的一味药引子。"裹金"讲究的是均匀、无飞金、无花点,更不能破坏药丸原有的形状。裹金工序中,每天都给药工发放金纸,每张都不得浪费。金箔纸薄如蝉翼,喘气引起的空气流动就能把金纸吹跑,必须戴着口罩才能作业。据介绍,极少量的金子也是一味辅助用药,可以镇心、安神、解毒。

为了防止药丸受潮,药丸裹金后还要包上一层透明的玻璃纸,然后再放入圆球形的塑料壳里。当裹、包、扣这三道包装工序完成后,还要用白蜡密封好,再打上金色的"同仁安宫牛黄丸"印戳。一颗安宫牛黄丸就制作完成了。

在整个制药过程中,只有一道工序我们没有拍摄到。这道工序就是——拿毛,要把麝香中的细小绒毛全部挑出来。这个过程极其繁琐,不能用机器,只能人工操作,一个工序下来就得好几个小时,这个工序在同仁堂严格保密,我们都没有被允许进行拍摄。张冬梅对这道程序印象太深了,她给我们讲了她学徒的时候和师傅的一段故事。一次张冬梅和师傅一起拿毛,拿了七八遍,好几个小时,张冬梅和师傅说,咱们行了吧,谁知师傅说,这才哪到哪啊,早着呢!张冬梅一赌气,扔下不干了,师傅也不多说,自己把她那份接过来,一个人干。在采访的过程中,这是张冬梅最动情的一段谈话,回忆起师傅的教诲,她流下了眼泪。张冬梅说,中国传统的中药文化,就是靠这样的言传身教一代代得以传承。这件事对张冬梅的影响很大。

在制丸的过程中,爱笑的张冬梅一直表情严肃。她告诉我们,制药丸时,每个环节都要保持高度的注意力,比如搓好的药条要通过一道道碾,滚压成药丸,而在碾滚和药条上刷油看似简单,却非常考验技术,既要符合重量的标准,又要符合"圆光亮"的标准。

"药来了,什么品种都有,每种药的黏性、药性都不一样,刷法也不一样。"说到这儿,张冬梅的语气重了些,"必须靠自己用心去琢磨,再反复试刷养成的手法。"她告诉记者,很多工艺要求精密,只能徒手操作,一不留神,手就会被碾滚扎得指甲"发紫"。

2015年11月17日,同仁堂正式成立"张冬梅安宫牛黄丸传统制作技艺首席技师工作室"暨"张冬梅劳模创新工作室"。至此,张冬梅又多了一个正式身份——"师傅"。

拜师会上,张冬梅向6名徒弟坦言,自己不怕反复教,但希望他们都能坚持在岗位上"干到退休"。

在采访的一周时间里,我们每天都和张冬梅一起工作,在这段日子里,我深刻地感受到制药人的那份坚持和责任,尽管张冬梅一

直在强调自己"做的都是本职工作,平凡的人干着平凡的事儿"。作为全国劳动模范,又是同仁堂安宫牛黄丸"非遗"项目传承人,她的梦想就是"让所有的病患都能吃到良心药、放心药"。

中央广播电视总台 中央电视台新闻中心记者 李宁

采访团队拍摄张冬梅的工作场景